KB047322

죽기 전에
봐야 할
사후 세계
설명서

세계 5대 종교가 말하는
죽음 이후의 삶

죽기 전에
봐야 할
사후 세계
설명서

하시즈메 다이사부로
지음

주성원
옮김

불광출판사

이 책은 '죽으면 어떻게 될까'에 관해 이야기합니다. 대체로 죽음은 별안간 닥치는 일이라서 말을 꺼내기 조심스러운 면이 있지만, 부디 안심하기 바랍니다. 죽으면 어떻게 될까에 관한 이야기가 곧 죽음을 뜻하는 건 아니니까요. 오히려 그런 생각을 하는 건 살아 있는 사람이라는, 이렇게 말하는 저도 아직 살아 있고 이 책을 손에 든 여러분도 살아 있다는 다소 느긋한 이야기입니다. 물론 지금 이 순간 죽을 만큼 힘든 사람도 있을 데지만요.

그러면 왜 이런 느긋한 것을 생각해야 할까요? 끝내 죽음에 이르렀을 때는 천천히 생각할 시간이 없기 때문입니다. 그럴 기력도 체력도 남아 있지 않을 겁니다. 죽으면 어떻게 될지 확실히 해두지 않은 채 그냥 죽어버린다면 너무나 아쉽지 않을까요? 모처럼 죽는데 말이죠.

살아 있는 존재는 결국 모두 죽기 마련입니다. 잡아먹히거나 병에 걸리거나 어느새 나이를 먹고 순식간에 죽어버립니다. 그런데 죽는 순간까지 죽는다고 생각하지 않습니다. 아마 죽어가는 도중에도 앞으로 어떤 일이 일어날지 아무것도 모를 겁니다. 하지만 사람은 다릅니다. 어린아이를 제외하고, 사람은 어느 정도 나이를 먹으면 '나도 언젠가는 죽겠지' 하고 생각합니다. 왜 그런 생각을 하게 되는지 알 수 없지만, 아무튼 사람은 누구나 '언젠가 나도 죽게 될 거야' 하고 생각하며 살아갑니다. 예를 들어 아이를 기르는 부모는 마음 한편으로 '내가 먼저 죽을 테니, 내가 죽고 나서 아이가 곤란하지 않도록 미리 준비해야지' 하는 생각을 품고 살아갑니다. 사람은 누군가 갑자기 죽더라도 곤란하지 않도록 대신할 사람을 찾고, 사회는 인간의 죽음을 전제로 구축되어 있습니다.

사람은 자신이 죽는다는 걸 잘 알고 있습니다. 그런데 죽으면 어떻게 되는지 알고 있을까요? 고대 사람들은 마을에서 무리 지어 살거나 작은 집단에 속해 살았습니다. 이런 작은 공동체에서 살던 옛사람들에게는 죽음에 대한 정해진 사고방식이 있었습니다. 죽으면 새가 된다거나, 조상들이 있는 곳으로 돌아간다거나, 저 먼 곳 어딘가에서 즐겁게 산다는 식이죠. 이는 사람들이 각자의 생각을 모아 집단의 생각으로 바꾼 것입니다. 모두 똑같이 죽기 때문에 다들 그렇게 생각했습니다. 같은 마을의 동료들이니까요. 이렇듯 작은 집단에서는 죽음에 대한 사고방식이 대개 하나로 통일됩니다. 이는 삶의 방식도 대체로 한 가지뿐임을 나타냅니다. 고대 사람들은 그렇게 살아갔고 또 죽어갔습니다.

　시간이 흘러 사회가 점점 복잡해졌습니다. 농업 규모가 커지면서 인구가 늘고 사회 계층이 세분되어 상인과 기술자, 군인과 왕, 관료와 성직자 등 여러 직군이 등장했습니다. 사회가 복잡해진 만큼 삶도 다양해졌습니다. 출세한 자와 몰락한 자가 있는가 하면, 전쟁에 끌려가거나 피난민이 되어 어쩔 수 없이 터전을 옮기게 되는 경우도 생겼죠. 이렇듯 삶의 방식이 여러 갈래로 나뉘었다는 건 그만큼 사고방식도 여러 갈래로 나뉘었다는 걸 뜻합니다. 한편 넓고 살기 좋은 땅에는 다양한 문화를 지닌 사람들이 모여들게 마련입니다. 그런데 인종과 민족마다 사후 세계관이 달라서 그것이 '차이'로 인식되었고 이른바 종교 문화가 생겨났습니다. 사냥하는 사람, 목축하는 사람, 농사짓는 사람, 도시에서 사는 사람…… 이들이 원래 가지고 있던 다양한 사고방식이 형태를 바꾸어 종교라는 문화로 거듭난 것입니다.

　세상에는 여러 개의 종교가 있었습니다. 종교가 여러 개라는 건 죽으면 어떻게 될까에 대한 사고방식이 여러 개라는 의미입니다. 이렇게 생겨난 종교 가운데 대부분은 시간이 흐름에 따라 쇠퇴해 사라졌지만 그중 몇몇은 믿는 사람이 늘어나 살아남았습니다. 이른바 '거대 종교'입니다. 거대 종교는 사회를 통째로 집어삼켜 하나의 문명으로 변모했고 오늘날까지 큰 세력을 이루고 있습니다. 지금 세계에 존재하는 네 개의 거대 문명은 모두 종교를 토대로 삼고 있습니다.

- 유럽·기독교 문명
- 이슬람 문명
- 힌두 문명
- 중국·유교 문명

이들은 10억 명에서 20억 명의 인구를 지닌 거대 문명으로 모두 거대 종교를 토대로 삼고 있습니다. 이보다 규모는 좀 작지만 불교도 거대 종교로 꼽을 수 있습니다. 불교 역시 인도, 중앙아시아, 동남아시아, 중국, 한국, 일본 등에서 중요한 역할을 했습니다. 정리하면 지금까지 인류에게 큰 영향을 준 종교는 기독교, 이슬람교, 힌두교, 유교, 불교, 이렇게 다섯 가지입니다. 이 종교들은 죽음에 관해 확고한 사유 체계를 이루었습니다. 따라서 죽으면 어떻게 될지 혼자 골똘히 생각하기에 앞서 먼저 이 종교들을 참고하는 편이 낫습니다.

이 책에서는 거대 종교가 말하는 사후 세계를 자세히 살펴볼 예정입니다. 각각의 종교를 비교 연구해서 박식한 사람이 되려는 게 아닙니다. 스스로 수긍할 수 있는 사후 세계를 고르고 선택하는 것이 목적이죠. 어쩌면 어느 것에도 수긍하지 못할 수도 있습니다. 최근 들어 그런 사람이 늘고 있습니다. 그런 분들을 위해 거대 종교의 관점 외에 사후 세계에 관한 사고방식으로 어떤 것들이 있는지 아는 한도 내에서 소개하겠습니다.

❖

이 책의 제목은 《죽기 전에 봐야 할 사후 세계 설명서》입니다. 이런 제목을 단 책을 읽고 있으면 남들이 이상한 눈초리로 쳐다볼 수 있습니다. "오해하지 마세요. 절대로 이상한 책이 아닙니다"라고 꼭 설명해주기 바랍니다. 이 책을 읽는 이유는 죽으면 어떻게 될지 몰라 두렵고 걱정되어서가 아닙니다. 물론 두려움과 걱정이 앞서서 이 책을 읽어도 상관없습니다. 그러나 무엇보다 확고히 살아가기 위해 이 책을 읽어야 합니다. 사람은 자신이 죽는다는 걸 알면서도 살아갑니다. 어차피 죽을 걸 알면서도 살아가는 것, 그것이야말로 사람다움이자 사람의 자부심입니다.

　죽으면 어떻게 될지는 죽기 전까지 알 수 없습니다. 그것만은 분명합니다. 그럼에도 사람은 죽으면 어떻게 될지 나름대로 궁리하고 또 수긍하며 살아왔습니다. 말하자면 '죽으면 어떻게 될까'라는 물음은 사람의 삶, 인생의 일부입니다. 그런데 죽으면 어떻게 될지 죽기 전까지 알 수 없다면, 정말로 그렇다면, 죽고 나서 어떻게 될지를 각자 자유롭게 정해도 좋지 않을까요? 답은 이 세상에 존재하는 종교의 수와 사람의 생각만큼 많습니다. 그 모든 답에는 저마다 귀중한 삶의 여정과 인생의 지혜가 담겨 있습니다. 우리보다 먼저 살았던 사람들이 지금을 살아가는 우리에게 남긴 선물입니다. 이보다 큰 선물이 또 있을까요? 제 역할은 그 선물을 여러분에게 전하는 것입니다. 여기서 약속합니다. 중학생도 읽을 수 있도록 알기 쉽게 쓰겠습니다. 조금 어려운 단어를 사용할 때는 설명을 달겠습니다. 머릿속에 들어가기 쉽도록 꼭꼭 씹어서 소화한 내용만 담겠습니다.

　사람은 죽어서 어떻게 될까요? 이 책에서 소개하는 내용만큼 정말로 가지각색의 사고방식이 있습니다. 모두 체계가 잘 정리되어 있습니다. 골라잡기만 하면 됩니다. 죽으면 어떻게 될까에 관한 다양한 생각을 접해보는 건 정말이지 좋은 일입니다. 나아가 그중 하나를 골라 자신의 관점으로 삼으면 보다 깊은 차원에서 삶을 실감할 수 있습니다. 다른 사고방식을 이해하는 힘도 커집니다.

　자, 그럼 이제부터 죽으면 어떻게 될까에 관한 다양한 생각을 돌아보고 자신만의 생각을 가다듬어봅시다. 그리고 매일 가슴을 활짝 펴고 살아갑시다.

6장 죽으면 어떻게 될지 스스로 결정하라

1
죽음은 생각하기 어렵다

죽음은 생각하기 어렵다. 시험 삼아 생각해보면 바로 알 수 있다. 왜 죽음을 생각하는 게 어려울까? 한번 생각해보자.

대부분은 '나는 아직 살아 있어. 앞으로 한동안은 죽지 않겠지' 하고 넘겨버린다. 당장 눈앞에 닥친 일이 아니기 때문에 생각하기 어렵다. 그래도 죽는 건 무섭다. 왜 무서울까? 설명하기 어렵지만 어쨌든 무섭다. 무서운 일 역시 생각하기 꺼려진다. 또한 죽음을 생각할 때 어디서부터 실마리를 찾아야 할지 모른다. 실마리가 없는 것은 생각하기 어렵다. 그리고 무엇보다 죽음을 생각한다고 해서 특별히 좋을 게 없는 것 같다. 그저 우울해질 뿐이지 않은가!

보통 이렇게 여기기 때문에 죽음을 생각하기 어렵다. 대략 이 정도로 짐작해볼 수 있다.

내가 사라진다

하지만 죽음을 생각하기 어려운 진짜 이유는 다른 데 있다. 내가 보기에 죽음을 생각하기 어려운 이유는 다음과 같다.

죽는다는 건 생각하는 '나'라는 존재가 사라지는 것이다. *1

이 설명에 수긍이 가는가. '나'라는 존재가 사라진다! 어떤 대상을 생각하고 느끼는 '나'라는 존재가 사라진다는 건 정말이지 큰 사건이다. 대부분의 사람은 이를 어떻게 받아들여야 좋을지 알지 못한다. 그래서 죽음을 생각하는 게 어렵다. 이는 매우 중요한 문제이기 때문에 깊이 한번 생각해볼 필요가 있다.

존재한다는 것

먼저 무언가가 '존재한다'는 건 어떤 의미일까? 책상 위에 바나나와 컵이 놓여 있다고 하자. 바나나도 컵도 존재하고 있다. 그 증거로 눈에 보이고 만질 수 있다. 바나나는 존재했다가 사라지기도 한다. 바나나를 사 와서 책상 위에 놓으면 바나나는 존재하게 된다. 그 바나나를 먹어버리면 사라지게 된다. 마찬가지로 컵도 존재했다가 사라진다. 이처럼 모든 것은 존재했다가 사라진다. 존재했는데 사라지고 존재하지 않았는데 생겨난다. 여기까지는 어렵지 않게 이해했으리라 생각한다. 앞의 이야기를 다시 생각해보자.

바나나가 존재한다. 이 말은 적어도 누군가가 그 사실을 확인할 수 있다는 데 의미가 있다. 만약 누구도 바나나를 보지 못하고 만지지 못한다면 바나나의 존재를 확인할 길이 없다. 그러면 '바나나가 존재한다', '존재하지 않는다'는 말은 아무런 의미가 없다. 무언가가 존재한다는 것은 그 대상을 경험으로 알 수 있다는 뜻이다. 확인할 수 있어야 한다. 따라서 다음과 같이 말할 수 있다.

존재하는 것은 경험으로 알 수 있다. [2]

존재하는 건 경험으로 알 수 있다. 경험할 수 없는 것은 존재한다고 말할 수 없다. 그런데 존재하던 것이 사라지면 어떻게 될까? 경험할 수 있던 걸 경험할 수 없게 되는 것도 일종의 경험이다. 따라서 다음과 같이 말할 수 있다.

존재하던 것이 더 이상 존재하지 않게 되는 것은 경험으로 알 수 있다. [3]

바나나가 있다는 것은 경험할 수 있다. 그런데 그 바나나가 사라져서 경험할 수 없게 되었다면, 즉 바나나를 경험할 수 있었는데 경험할 수 없게 된다면, 이것도 경험으로 알 수 있다. 반대로 이렇게 말할 수도 있다.

> 존재하지 않던 것이 존재하게 되는 것은
> 경험으로 알 수 있다. •4

이 세상에 존재하는 건 모두 경험으로 알 수 있다. 존재했던 무언가가 사라지게 되는 것도 경험을 통해 알 수 있다. 존재는 이렇게 경험으로 연결되어 있다.

다른 죽음은 경험할 수 있다

바나나는 존재했다가 사라진다. 컵도 존재했다가 사라진다. 존재하는 모든 것은 사라진다. 사람도 존재했다가 사라진다. 어떤 식으로 사라질까?

컵은 물건이다. 물건은 부서진다. 조각조각 흩어져 컵의 형태가 사라진다. 그러면 컵으로 사용할 수 없게 된다. 지금까지 컵이었는데 더 이상 컵이 아니게 되는 것이다. 마찬가지로 사람은 생명을 가지고 움직이는 생물이다. 생물은 죽는다. 지금까지 살아 있었는데 더 이상 움직이지 못하고 서서히 썩기 시작하면 더 이상 생물이 아닌 것이다. 컵이 사라지는 과정과 생물이 사라지는 과정은 닮았다. 양쪽 모두 사라져가는 것을 경험으로 알 수 있다.

생물은 여러 종류가 있다. 쥐도 생물이고, 물고기, 벌레, 개, 사람도 생물이다. 모두 살아 있다. 그리고 죽는다. 개를 보고 만진다. 개는 살아 있다. 그리고 죽는다. 죽어가는 모습을 보고 만진다. 개는 사라졌다. 더 이상 볼 수도 만질 수도 없다. 마찬가지로 사람을, 나와 가까운 누군가를 보고 만진다. 그 사람은 살아 있다. 그리고 죽는다. 이제 그 사람은 사라지고 없다. 더 이상 볼 수도 만질 수도 없다.

사람은 살아 있는 생물이다. 이는 경험으로 알 수 있다. 그리고 죽는다. 이것도 경험으로 알 수 있다. 개나 쥐나 그 밖의 생물도 마찬가지다. 이처럼 생물이 죽는 것은 경험으로 알 수 있다. 사람이 죽는 것도 경험으로 알 수 있다.

나의 죽음은 경험할 수 없다

사람이 죽는다는 사실은 경험으로 알 수 있다. 일단은 그렇게 말할 수 있다. 왜 '일단은'일까? 다른 누군가가 죽는 것과 나 자신이 죽는 것은 이야기가 다르기 때문이다. 나와 가까운 누군가가 죽으면 그 일은 경험을 통해 알 수 있다. 그 사람이 죽기 전과 죽은 후에도 경험하는 주체인 '나'가 존재하기 때문이다. 애초부터 내가 없다면 경험이라는 행위도 성립할 수 없다.

이것과 비교해서 '나'라는 존재가 죽는 것은 특별한 일이다. 경험을 성립시키는 토대 자체가 사라지는 일이기 때문이다. '나'라는 존재가 사라지면 사물을 보고 만지고 생각하는 게 불가능해진다. 내가 죽으면 '나'는 존재하지 않게 되지만 이를 확인할 방법이 없다. 죽음뿐이겠는가. 일체의 경험이 성립되지 않는다. 사물을 볼 수도 만질 수도 생각할 수도 없게 된다. 그런 압도적인 사건이 '나'라는 존재의 죽음이다. 어쩐지 점점 무서운 이야기가 되어가는 듯하지만 여기까지는 잘 이해했으리라 믿는다.

정리해보자. 사람은 누구나 다 죽는다고 말해도 다른 누군가가 죽는 것과 내가 죽는 것은 아예 상황이 다르다. 타인의 죽음은 경험할 수 있고, 그것이 나와 세상을 근본적으로 변화시킬 수는 없다. 반면 나의 죽음의 경우, '나'는 그것을 경험할 수 없다. 그리고 그것은 나와 세상을 근본적으로 변화시킨다. 곧 이렇게 말할 수 있다.

'나'의 죽음은 경험할 수 있는 일이 아니다. •6

사람은 자기 자신의 죽음을 결코 경험할 수 없다. 다른 사람의 죽음은 경험할 수 있지만 자기 자신, 즉 '나'의 죽음만은 경험할 수 없다. 여기에 커다란 뒤틀림이 있다. 이것이 죽음에 관해 생각하는 첫걸음이다.

시작과 끝은 알 수 없다

'나'의 죽음은 경험할 수 없다. 그렇지만 언제가 반드시 일어날 사건임을 '나'는 알고 있다. 생각해보면 참 신기한 일이다. 그리고 이는 '나'라는 존재가 인간이라는 것과 깊이 연관되어 있다. '나'의 죽음은 경험적 사실이 아니다. 자신이 직접 경험할수 없기 때문이다. 그럼에도 그 일은 일어난다. 그렇다면 '나'의 죽음을 뭐라고 정의해야 할까?

'나'의 죽음은 초경험적 사실이다. •6

경험할 수 없지만 반드시 일어나는 일. 그것이 '초(超)'경험적 사실이 아니고 무엇이겠는가. 경험으로 확인할 방법이 없지만 분명히 일어나게 될 사건. 그 일은 정말로 일어나는 걸까?

죽음과 반대되는 태어남에 대해 생각해보자. 사람은 누구나 이 세상에서 태어났다. 이전에는 존재하지 않았는데 태어남으로 인해 존재하게 되었다. 이는 분명한 사실이다. 그런데 잘 생각해보면 '나'는 그 일을 경험하지 못했다. 정신을 차리고 보니 이 세상에 존재하는 자신을 발견할 뿐이다. 기억을 더듬어 자신의 시작을 찾아보아도 어렴풋하다. 너무도 중요하고 인생의 기본이라고 할 수 있는 태어남의 순간을 우리는 경험하지 못한 것이다.

'나'의 태어남은 초경험적 사실이다. •7

내가 태어나기 전에는 어떠한 경험도 없었다. 다른 의미로 세상은 존재하지 않았다. 마찬가지로 내가 죽은 후에는 어떠한 경험도 없을 것이다. 세상은 존재하지 않게 된다. '나'는 경험으로 세상을 확인하면서 살아간다. 이것은 경험적 사실이다. 하지만 그 시작(탄생)과 끝(죽음)은 초경험적 사실이다.

우리가 알고 있는 세 가지

여기서 말할 수 있는 건 사람은 자신의 죽음을 온전히 경험할 수 없다는 것이다. 죽음은 경험적 사실의 범위를 벗어난다. 그런 의미에서 죽음은 경험할 수 없다. 경험할 수 없으니 생각할 수밖에 없다. 그래서 사람은 누구나 자신의 죽음을 생각한다.

저마다 제멋대로 생각한다. 그런데 알고 보면 대체로 비슷한 결론에 도달한다. 이런 식이다.

- 언젠가 죽을 거야 (죽음의 가능성)
- 죽음을 피할 수는 없을 거야 (죽음의 필연성)
- 죽음에 관한 모든 것을 알 수는 없어 (죽음의 불가지성)

마지막 '불가지성(不可知性)'이란 이런 것이다. 죽음에 대해 아무리 생각해봐도 다 이해할 수 없다는 느낌이 든다. 아무리 생각한들 그건 살아 있는 인간의 행동일 뿐이다. 아직 죽지 않았는데 죽음에 대해 무엇을 알 수 있을까. 불가지성이란 이런 메울 수 없는 여백 같은 느낌, 한마디로 인식 불가능한 대상을 뜻한다. 이 여백의 느낌을 메우려고 사람들은 죽음에 관해 거듭 생각한다.

과학은 답을 할 수 없다

과학은 죽음에 관해 무엇을 말할 수 있을까? 과학은 죽음에 관해 대단한 무언가를 말해줄 수 없다. 특히 '나'의 죽음에 관해서는 더욱 그렇다. 왜일까?

　사람은 세상에서 다양한 경험을 한다. 세상은 무질서하지 않고 일정한 법칙에 따라 움직인다. 다양한 사건이 일어나는 방식에는 정해진 패턴이 있다. 과학은 그러한 다양한 사건이 어떻게 일어나는지를 합리적으로 질서를 세워 설명한다. 말하자면 과학은 사람의 경험을 정리하는 학문이다.

반면에 죽음은 세상을 경험하는 '나'라는 존재가 사라지는 사건이다. 그것은 경험할 수 없고 경험을 넘어서는 이야기다. 그래서 아무리 과학이 발달하더라도 과학으로 죽음을 생각하는 건 불가능하다. 과학은 경험할 수 있는 일에 대한 지식이기 때문이다.

과학은 '나'의 죽음에 관해서 아무것도 말할 수 없다. •8

죽음은 과학의 토대를 거꾸로 뒤집는다. 과학은 세상의 경험적인 사건을 합리적으로 설명하는 학문이다. 그런 과학을 담당하는 존재는 살아 있는 인간이다. 그런데 내가 죽으면 세상도 사라진다. 더 이상 '나'는 존재하지 않으며 아무것도 경험할 수 없다. 경험할 수 있는 일이 없다. 다시 말해 세상이 없어진다. 그러니 경험적인 세계에 관한 지식인 과학이 죽음 앞에서 어떻게 성립할 수 있을까. 죽음으로 인해 과학은 저 구석으로 내팽개쳐진다.

철학과 종교의 가능성

죽음이 불가지, 즉 알 수 없는 대상임을 알면서도 사람은 죽음을 마주하고 죽음에 관해 생각한다. 그때 과학은 아무런 도움이 되지 않는다. 그러면 무엇이 도움이 될까? 어쩌면 철학이 도움이 될지 모른다. 철학은 생각하는 행위가 무엇인지를 생각하게 하는 학문이다. 과학처럼 세상의 경험적 사건을 합리적으로 설명하는 데 얽매여 있지 않고 사람의 죽음까지 포함해서 사유하는 게 철학이기 때문이다.

종교도 도움이 될 수 있다. 종교는 세상이 여기 이렇게 존재하는 것이 무슨 의미인지를 생각게 한다. 그리고 논의의 범위를 경험할 수 있는 것에 한정하지 않는다. 필요하면 경험할 수 없는 것, 즉 초월적인 것도 거부하지 않고 받아들인다. 죽음에 관해 가장 깊게 파고들어 생각해온 게 종교다. 그런 이유로 이 책은 지금부터 종교가 죽음을 어떻게 생각해왔는지를 길안내로 삼아 이야기를 진행할 예정이다. 하지만 그 전에 철학의 논의 먼저 훑어보자.

여섯 가지 철학적 패턴

이 책을 어떤 식으로 쓸지 고민하고 있을 때 한 권의 책이 눈

에 들어왔다. 이사시키 다카히로(伊佐敷 隆弘)의《죽으면 어떻게 될까? 생사관을 둘러싼 여섯 가지 철학(死んだらどうなるのか? 死生観をめぐる6つの哲学)》이었다. 죽음에 관해 잘 정리한 재미있는 책이었다. 이사시키에 따르면, 죽음에 관한 사고방식에는 크게 여섯 가지 패턴이 있다. 그것이 사람들 안에 저마다 다른 비율로 뒤섞여 있다.

1. 다른 사람이나 동물로 다시 태어난다.
2. 다른 세상에서 영원히 머물며 살게 된다.
3. 곁에서 후손들을 지켜준다.
4. 살아 있는 후손의 몸속에서 계속 살아간다.
5. 자연의 품으로 돌아간다.
6. 완전히 소멸한다.

따로 설명을 덧붙일 필요가 없을 만큼 간단하고 알기 쉬운 정리다. 읽고 나면 어떤 것이든 "그렇군!" 하고 동의하게 된다. 이 여섯 가지 패턴을 찬찬히 살펴보자. 일단 어느 것도 삶에서 경험적으로 확인할 수 없음을 알 수 있다. 말하자면 증거가 없다. 그런데도 왜 다들 이렇게 생각하는 걸까? 아마도 이렇게 생각하는 사람이 매우 많기 때문일 것이다. 죽음에 관해 다들 이렇게 생각하고 있으니 자기도 그렇게 생각하는 것이다. 증거가 없어도 그럴 거라는 생각이 널리 퍼지면 다들 그렇게 믿게 된다. 이는 경험적인 세계로부터 얻어진 생각은 아니지만, 그렇다고 경험적인 세계와 완전히 모순되는 것도 아니다. 이런 식으로 경험적인 세계와 병행하는 사고방식을 이사시키는 '철학'이라고 부른다. 그가 말한 여섯 가지 패턴은 소박한 사고방식이다. 관습과 문화, 민간신앙이라고 부를 수도 있다. 분명히 죽음에 관해 생각하다 보면 결론이 이 여섯 가지 중 하나로 도달할 것 같다.

죽음에 관한 빅데이터

이 책은 철학이 아닌 종교에 초점을 맞추고 있다. 종교는 죽음에 대해 오랜 시간에 걸쳐 생각해왔고 사람들을 그 틀에 묶어놓았기 때문이다. 오랜 역사를 지닌 유력 종교는 특정 시대, 특정 지역 사람들을 모조리 옭아매어 다른 사고방식을 허락하지 않았다. 그러나 세계화된 지금, 종교의 틀이 느슨해지고 서로 섞이기 시작했다. 누구나 자신의 죽음을 새로운 관점에서 생각할 수 있게 되었다. 모든 종교는 저마다 고유한 관점에서 죽음을 생각하고, 삶을 생각하고, 세상을 생각하고, 모든 것을 생각한다. 어느 것이든 골라잡아 생각해볼 수 있다. 이 사실을 모른다면 안타까운 일이다. 지금부터 이 책에서 각각의 종교가 죽음을 어떻게 생각하는지를 순서대로 소개한다.

먼저 일신교(一神敎)부터 알아본다. 일신교는 오직 하나의 신(God)만이 존재한다고 주장하는 종교다. 유대교, 기독교, 이슬람교가 대표적이다. 일신교는 널리 알려진 듯하면서도 실은 자세히 알려지지 않았는데, 특히 죽음에 관한 사고방식이 그렇다. 이점을 확실히 알아본다.

두 번째로 인도의 종교를 살펴본다. 인도 종교는 다신교로 분류된다. 브라만교, 힌두교, 불교가 대표적이다. 일본에도 불교가 전해져 큰 영향을 끼쳤는데, 죽음에 관한 불교의 교유한 사고방식도 함께 전해졌는지는 의문이다. 이점을 알아본다.

세 번째는 중국의 종교다. 유교와 도교가 대표적이다. 유교와 도교는 정반대라고 할 만큼 사고방식이 매우 다르지만 뿌리는 하나로 연결되어 있다. 죽음과 인간에 관한 저만의 독특한 사고방식이 있다. 그것이 무엇인지 살펴본다.

네 번째는 일본의 종교를 알아본다. 예로부터 일본 사람들에게 공기처럼 익숙했던 죽음 감각을 알아본다.

마지막으로 근현대 사람들이 생각하는 죽음에 관해 생각해본다. 과학의 발달로 사람들의 사고방식이 크게 달라졌다. 세상에는 다양한 종교가 있으며, 죽음을 어떻게 생각할지는 개인의 판단에 맡겨졌다. 이런 시대에 죽음을 어떻게 바라봐야 할지 함께 고민해본다.

이 책은 대략 이러한 흐름으로 구성되었다. 최대한 알기 쉽게 썼지만 내용에 있어서만큼은 일말의 타협도 없다. 죽음에 관한 여러 관점을 한눈에 살피기가 쉽지 않을 수 있지만, 그럼에도 이 책을 다 읽는다면 죽음에 대한 단서를 듬뿍 손에 넣을 수 있을 것이다.

다시 한번 말하지만 죽음에 대해 생각하는 것은 죽기 위해서가 아니다. 더 잘 살기 위해서다. 이 책이 여러분의 삶의 질을 높이는 데 도움이 된다면 더할 나위 없이 기쁠 것 같다.

2
죽음은
신의
뜻이다

일신교는
이렇게 생각한다

일신교부터 들어가 보자. 일신교는 영어로 모노시이즘(mono
theism)이라고 한다. mono는 '하나 혹은 단일'이라는 의미고,
the(o)-는 '신'이라는 뜻이니 이해하기 쉽다. 참고로 다신교는
폴리시이즘(polytheism)이라고 한다. 일신교와 다신교의 차이
는 신의 '수(數)가 다름'이라고 이해하면 된다. 분명 그렇다. 하
지만 일신교와 다신교를 가르는 더 중요한 차이가 있다. 일신
교는 이렇게 믿는다.

　　신이 천지를 창조한다(창조했다). [9]

신이 만든 세상

신이 천지를 '창조'했다. 한 번쯤 들어본 적이 있을 것이다. 하지만 그 정도 아는 것으로는 부족하다. 창조란 게 무엇인지 아주 철저하게 느껴보지 않으면 일신교를 이해했다고 말할 수 없다. 일신교란 유대교, 기독교, 이슬람교 같은 종교를 가리킨다. 이들은 모두 '신이 천지를 창조했다'고 말한다. 애초부터 유대교, 기독교, 이슬람교는 '같은' 신을 믿고 있으니 똑같이 말하는 게 당연하다! 이 가운데 가장 논리적으로 깔끔한 이슬람교를 예로 들면, 이슬람교는 다음 두 가지에 대해 신앙고백을 해야 한다.

> A 알라가 천지를 창조했다.
> B 마호메트는 알라의 '마지막이자 최고'의 예언자다.
> (A만 인정하고 B를 인정하지 않는 사람이 있다. 이슬람교도가 그런 사람과 만나면, 비록 그 사람은 이슬람교도는 아니지만 믿음이 없는 사람은 아니라는 식으로 대한다.)

마호메트는 예언자다. 알라에게 계시(신의 메시지)를 받았다. 그 계시를 정리한 것이 코란이다. 코란에는 천지 창조에 관한 내용이 쓰여 있지 않다. 천지 창조에 관해서는 구약성서 창세기에 정리되어 있는데 코란은 이를 당연한 것으로 간주한다.

신의 메시지

구약성서는 원래 유대교의 성전(聖典)이다. 구약성서의 가장 앞에 나오는 다섯 권의 책(창세기, 출애굽기, 레위기, 민수기, 신명기)을 모세오경(Moses五經, 토라)이라고 부르는데, 예언자 모세가 전한 율법이 적혀 있기 때문이다. 이슬람교는 모세 역시 알라의 예언자라고 생각한다. 창세기도 알라가 인류에게 보낸 메시지 중 하나다.

　창세기에 따르면 신은 6일 만에 세상을 창조했다. 첫째 날에 "빛이 있으라!"고 말했고, 둘째 날에 땅과 바다를 만들고… 여섯째 날에 동물과 사람을 창조했다. 그리고 일곱째 날에 쉬었다(안식일). 이슬람교는 이러한 구약성서의 내용을 대부분 있는 그대로 인정한다. 하지만 코란과 다른 부분은 당연히 코란에 적힌 내용을 믿는다. 그들은 구약성서가 불완전하며 군데군데 잘못된 내용이 있다고 생각한다. 다만 창세기의 내용은 거의 그대로 코란에 계승되었다.

세상은 신의 의지다

'창조'라는 사고방식의 핵심은 창조가 일어나기 전과 후가 완전히 달라진다는 점이다.

(창조 전) 신이 있다
⇩
(창조 후) 신이 있다 + 세상이 있다
(하늘과 땅, 산과 강, 식물과 동물, 사람이 존재한다)

이것을 명심해야 한다. 최초에는 단지 신만 존재했을 뿐이며 다른 것은 아무것도 없었다. 신은 외로웠을까? 그럴 리 없다. 신은 완전하고 결함 없는 상태로 만족하며 지내고 있었을 것이다. 그리고 신은 세상을 창조했다. 하늘과 땅이 존재하는 이유는 신이 창조했기 때문이다. 하늘과 땅이 존재해야 한다고 신이 생각했기 때문이다. 산과 강, 식물과 동물, 인간이 존재하는 것도 신이 창조했기 때문이다. 신이 이 모든 것이 존재해야 한다고 여겼기 때문이다. 한마디로 정리하면 이렇다.

세상은 신의 의지로 존재한다. •10

산과 강, 식물과 동물을 볼 때마다 '신이 이것을 창조했다'고 생각해야 한다. 그리고 이를 감사해야 한다.

사람도 신의 의지다

사람은 어떠한가? 물론 사람도 신이 만들었다. 심지어 사람은 한 사람씩 신이 손수 만들었다. 신이 만든 최초의 사람은 아담이다. 아담은 '흙'이라는 의미다. 신이 흙을 빚어 형태를 잡은 후숨, 즉 생명을 불어넣어 사람으로 만들었다. 이브 역시 신이 손수 만들었다. 이 내용은 창세기 2장에 쓰여 있다. 여담인데, 창세기 1장에는 신이 남녀를 만들었다고만 되어 있을 뿐 남자(아담)를 먼저 만들었다는 내용이 없다. 즉 1장과 2장은 다른 계통의 문서다. 어쨌든 신이 손수 만든 창조물은 사람뿐이다. 창세기에 따르면 다른 동물은 말로 명령함으로써 만들어졌다.

　　아담과 이브는 신의 명령을 어기고 선악과를 먹었다. 그 벌로 에덴동산에서 추방된 두 사람은 동침하여 카인과 아벨이라는 두 형제를 낳았다. 이브는 보통의 방식으로 임신하고 출산했다. 그렇다면 카인과 아벨은 신이 만든 걸까 아니면 사람에게서 태어난 걸까? 사람에게서 태어났음이 틀림없다. 하지만 카인과 아벨은 물론 그 어떤 어머니로부터 태어난 사람일지라도 한 사람도 빠짐없이 신이 손수 만들었다. 적어도 일신교는 그렇게 생각한다. 사람에게서 태어나는 건 겉모습일 뿐 누군가가 존재하는 것은 예외 없이 신의 의지 때문이다.

특별한 피조물

신이 만든 존재를 피조물이라고 한다. 피조물에는 여러 종류가 있다. 먼저 물체(사물)를 들 수 있다. 태양과 달 같은 천체, 산과 강 같은 것(무기물)도 있다. 식물과 동물(유기물)도 있다.

신이 세상을 창조한 지 3일째 되는 날 말했다. "땅은 풀과 씨 맺는 채소와 각기 종류대로 씨 가진 열매 맺는 나무를 내라." 그래서 식물은 씨를 맺도록 만들어졌다. 식물은 땅이 자라게 하는 것으로 풀과 나무 하나하나를 구별하지 않는다.

이어서 5일째 되는 날 신이 말했다. "물은 생물을 번성하게 하라. 땅 위 하늘의 궁창에는 새가 날으라." 이 명령으로 물 속에서 물고기가 떼지어 살게 되었고 새는 하늘을 날게 되었다. 물고기든 새든 한 마리 한 마리 구별하지 않는다.

6일째 되는 날 신이 말했다. "땅은 생물을 그 종류대로 내되 가축과 기는 것과 땅의 짐승을 종류대로 내라." 지상의 생물은 가축, 땅 위를 기는 것, 야생동물, 이렇게 세 가지 카테고리로 나뉘어 만들어졌다. 역시 한 마리 한 마리 구별하지 않는다. 이것은 원자와 분자를 하나하나 구별하지 않는 것과 같다.

이처럼 창세기에 따르면 피조물은 모두 신의 명령으로 존재하고 신의 관리 아래 있다. 무리(種)로 존재하고 개별적으로 존재하지 않는다. 오직 사람만이 개별적으로 만들어진 존재다. 아담과 이브가 그랬다. 카인과 아벨, 이후에 태어난 모든 사람이 한 사람 한 사람 이름이 있으며 개성이 있다. 똑같은 사람은 단 한 명도 없다. 이것이 사람의 특징이다.

사람은 한 사람 한 사람 개성 있는 존재로서 신이 만들었다. *11

신에게 감사하라

신은 사람을 한 명 한 명 손수 만든다. 이것이 일신교의 신과 인간 사이의 기본 관계다. 막연히 읽으면 당연한 듯 느껴지지만 전혀 당연한 말이 아니다. 아주 특별한 사고방식이다. 현재 약 80억 명 지구상의 인류 가운데 절반 이상, 대략 40억 명의 유대교, 기독교, 이슬람교 신자들이 이렇게 생각하고 있다. 일신교의 사고방식이 어째서 특별한지 좀 더 확실하게 이해해보자.

예를 들어 사람이면 누구나 한 번쯤 생각하기 마련인 '나는 왜 여기에 존재하는 걸까'라는 물음을 짚어보자. 부모가 낳아주었으니 존재하는 걸까? 틀림없이 그렇다. 그렇다면 부모는 왜 존재하는 걸까? 부모의 부모는? 이렇게 생각이 꼬리의 꼬리를 물고 이어지다 보면 결국 알 수 있는 건 아무것도 없다. 이때 일신교라면 간단히 답을 내릴 수 있다. 신이 나를 이렇게 만들었기 때문이다.

1800년 영국 런던에서 태어난 존은 생각했다. '나는 왜 여기에 존재하는 걸까?' 그것은 신에게 존을 1800년 영국 런던에서 태어나게 하려는 의지가 있었기 때문이다. "존, 존재하거라!" 이것은 신의 명령이다. 신은 존을 존재하지 않게 할 수도 있었다. 하지만 존재하게 만들었다. 그가 존재해야 한다고 생각했기 때문이다. 존은 다른 누구와 바꿀 수 없고, 그 누구도 대신할 수 없는 존재다. 신은 그런 존을 가치 있다고 생각한다. 이것은 신의 계획이다. 그것이 어떤 계획인지 생각하면서 살아가는 게 존의 인생이다.

신의 명령으로 태어난 존은 신의 임무를 받았다. 존의 몸과 생명은 신에게 부여받은 것이다. 존은 신의 것이다. 존이 사는 곳과 그가 먹는 음식도 다 신의 배려이며 은혜다. 따라서 존은 신에게 감사해야 한다. 자신이 여기에 존재할 수 있도록 해준 신에게 감사해야 한다. 부모에 대한 감사는 그다음이다. 참고로 유교라면 먼저 부모에게 감사하고 조상에게 감사한다.

세상은 신의 소유다

어째서 신은 위대하고, 왜 사람은 신을 경외하지 않으면 안 되는 걸까? 그것은 신이 세상을 만들었기 때문이다. 만들어진 모든 것은 그걸 만든 신의 것이다. 만약 당신이 강아지 집을 만들었다면 그것이 당신 소유가 되는 것처럼 말이다. 무언가를 만들면 만든 것에 대한 소유권(지배권)이 생긴다. 신이 세상을 만들었다면 세상은 신의 것이다. 신이 세상을 지배한다. 신이 세상을 파괴해도 괜찮다. 자기 것이기 때문이다. 이렇듯 세상에 대한 신의 지배권을 '신의 주권(主權)'이라고 한다.

'주권'은 영어로 사브런티(sovereignty)다. 군주의 권력이라는 뜻이다. 이것을 시민(국민)이 빼앗아 국민주권으로 만들었다. 주권은 '이렇게 정한다'고 선언하는 순간 그걸로 끝이다. 다른 누군가가 취소하거나 되돌릴 수 없다. 신의 경우도 마찬가지다. 신이 무언가를 정했으면 그걸로 모든 것이 결정되며 누구도 뒤집을 수 없다. 그야말로 주권이다.

신은 전지전능(全知全能)하다. '전지'하기 때문에 모든 것을 알고 있다. 신이 모르는 사이에 세상에서 무언가가 일어나는 법은 없다. 또한 '전능'하기 때문에 무엇이든 할 수 있다. 만약 어떤 사건이 일어나지 않는다면, 그건 신이 그 사건을 일으키려 하지 않는다는 뜻이다. 신이 세상을 멸망시키려고 마음먹으면 언제든지 그렇게 할 수 있다. 세상이 멸망하지 않고 평온할 수 있는 건 신의 은총이다. 신이 나를 없애려고 생각하면 언제라도 없앨 수 있다. 내가 아직 죽지 않고 살아 있는 건 신의 은총이다. 이 세상은 신의 의지의 반영이다. 이렇듯 신의 의지로 일어난 일을 기적이라고 한다. 자연은 기적이다. '나'라는 존재 역시 기적이다.

당신이 어느 화가의 작품을, 가령 고흐의 〈해바라기〉를 감상한다고 하자. 한 획 한 획의 붓질에는 화가의 의도가 담겨 있고 작품 구석구석에 화가의 의지가 닿아 있다. 아마도 그렇게 느끼면서 작품을 감상하지 않을까? 만약 신이 이 세상을 바라본다면 자신이 만든 작품을 보는 것과 같다. 그렇다면 사람도 세상을 그렇게 바라봐야 하지 않을까?

언젠가 세상은 끝난다

신이 세상을 만들었다. 그리고 때가 되면 세상을 끝낼 것이다. 이를 종말이라고 한다. 머지않아 종말이 온다. 세상이 사라지게 된다. 일본 사람들에게는 자연이 사라진다는 발상이 없다. 중국 사람들에게도 없다. 어떠한 변화가 일어나도 자연은 변함없이 존재할 거라는 감각이 있기 때문이다. 그러나 일신교에서 영원히 존재하는 건 신뿐이다. 신 이외의 모든 것은 피조물이며 영원하지 않다.

일신교 가운데 유대교는 종말에 관한 명확한 사고방식이 없다. 조만간 신이 세상에 직접 개입해 타락한 세상을 멸망시켜버릴 거라는 식으로 생각하지 않는다. 반면 기독교와 이슬람교에는 종말의 사고방식이 분명하게 정립되어 있다. 곧 세상이 멸망하고 존재하지 않게 된다. 종말에 관한 생각을 축약하면 아래와 같은 흐름이다.

(창조 전) 신이 있다
⇩
(창조 후) 신이 있다 + 세상이 있다
 (하늘과 땅, 산과 강, 식물과 동물, 사람이 존재한다)
⇩
(종말 후) 신이 있다 + 세상이 사라지고 사람만이 존재한다

선택받은 사람만이 신에게 구해진다. 이것이 '구원'이다.

최후의 심판

종말과 사람의 생사는 어떤 관계일까? 일신교에서는 신이 사람에게 생명을 주었다고 생각한다. 생명이 거두어지고 사람이 죽는 건 신이 내린 벌이다. 바꿔 말하면 사람은 본래 죽지 않는 존재라는 뜻이다. 신과 사람은 원래 올바른 관계였다. 그런데 사람이 저지른 죄로 인해 관계가 어긋나버렸다. 신은 종말을 기회로 삼아 이를 바르게 되돌린다. 그리고 사람은 영원한 생명을 부여받는다. 그렇다면 종말은 사람이 기뻐해야 할 일이다. 새로운 거주지가 주어지는 것이기 때문이다. 그곳을 기독교에서는 '신의 왕국', 이슬람교에서는 '낙원' 등이라 부른다. 여기서 사람은 용서받고 영원히 살게 된다.

그런데 누가 용서받고 신과 함께 살게 될까? 그걸 결정하는 게 바로 최후의 심판이다. 최후의 심판은 재판을 말한다. 재판관은 당연히 신이다. 신이 한 사람 한 사람을 개별적으로 심판한다. 이때 사람은 자신이 저지른 일에 대해서만 책임을 지면 된다. 타인의 책임까지 질 필요는 없다. 사람은 제각기 만들어졌기 때문이다. 재판에서 신을 배신한 죄를 묻는다. 그 죄를 용서할지 말지는 어디까지나 신의 재량이다. 유죄로 판결 나면 영원히 꺼지지 않는 화염 속에서 고통받을 것이고, 무죄라면 영생을 얻어 신과 함께 영원히 살게 된다.

재판이라는 말을 들으면 거부감이 드는 사람이 많다. 하지만 그렇게 생각해서는 안 된다. 일신교에서 생각하는 재판은 좋은 것이다. 재판으로 정의를 실현하고 약자를 보호하기 때문이다. 유대교와 이슬람교의 교리에는 약자를 보호하라는 문구가 명시되어 있다. 그들은 법률과 재판을 신뢰한다. 잘 생각해보면 최후의 심판은 사람을 보호하는 구조다. 주권을 가진 신은 사람을 삶아 먹든 구워 먹든 마음대로 할 수 있다. 하지만 갑자기 사람을 없애버리지는 않는다. 반드시 재판을 열게 되어 있다. 재판이니까 증거를 조사하는 과정이 있을 것이고 판결에 대한 이유도 필요하다. 신은 판결에 대한 책임을 진다.

종말의 풍경

종말 혹은 최후의 심판이라는 말을 들으면 언제 그런 일이 벌어질지 그리고 누가 구원받을지 신경 쓰이기 마련이다. 먼저 종말은 언제 일어날까? 안타깝게도 사람은 알 수 없다. 예수는 종말이 한밤중에 도둑처럼 찾아온다고 가르쳤다. 오늘 밤일지도 모른다는 말이다. 종말이 언제 올지는 신만 알고 있으면 될 뿐 사람은 알 수 없고 알 필요도 없다. 그보다 언제 종말이 닥쳐도 괜찮도록 준비하는 게 중요하다.

　　종말이 오면 세상은 어떻게 될까? 종말에 관한 구체적인 내용은 신약성서 《요한계시록》에 적혀 있다. 1세기경 파트모스(Patmos) 섬에 요한이라는 신도가 있었다. 어느 날 요한은 환영을 본다. 그리고 하늘로 올라가 앞으로 일어날 종말의 모습을 낱낱이 목격한다. 그날이 오면 하늘의 별이 지상으로 떨어지고, 지진이 일어나고, 해일이 덮쳐 육지가 물에 잠기고, 기근과 역병이 퍼진다. 천사의 군대가 출격해 아마겟돈(메기도의 언덕)에서 악의 군대를 무찌르고 천년왕국이 도래한다. 죽은 자가 부활하고 최후의 심판이 열린다. 이렇듯 온갖 종류의 재난이 일어나는 게 종말이다. 그 후 신의 왕국이 하늘에서 모습을 드러낸다. 장엄하고 굳건한 성벽을 갖춘 도시로, 구원받은 자만이 그곳에 들어가도록 허락된다. 지금까지의 설명은 기독교에서 말하는 종말의 모습이다. 이슬람교에서는 낙원의 묘사가보다 구체적이고 매력적이다. 이를테면 사람들에게 정원이 딸린 호화주택이 제공되고 하인들의 시중을 받으며 살게 된다.

사람의 부활

사람은 예외 없이 모두 부활한다는 게 기독교와 이슬람교의 공통적인 생각이다. 부활, 영어로는 리저렉션(resurrection)이다. 죽은 사람이 새로운 육체를 받고 되살아난다. 그런 일이 일어날 리 없다고 생각할지 모르지만 있을 수 없는 일이 벌어지는게 신의 기적이다. 죽어도 되살아난다. 이를 믿는 것이 기독교와 이슬람교다. 장벽이 높은 사고방식일 수도 있다. 그러나 부활을 믿는 사람들의 기분을 이해하지 못하면 일신교를 이해했다고 말할 수 없다.

유대교에서는 부활 문제를 둘러싼 논쟁이 있었다. 복음서에 그 내용이 적혀 있다. 처음 유대교는 사람이 죽으면 흙으로 돌아간다고 생각한 것 같다. 사람의 근원을 따져보면 무기물(흙)로 이루어졌기 때문이다. 죽으면 분해되어 무기물로 돌아가는 게 합리적인 사고방식이다. 그런데 구약성서《에스겔》

37장에 이런 내용이 있다. 신이 예언자 에스겔에게 사람의 뼈를 가리키며 말했다. "내가 너희 속에 영(靈)을 불어넣어 다시 살아나게 하겠다." 여기서 영이란 신에게서 나오는 생명의 숨결을 말한다. 그러자 에스겔이 보는 앞에서 뼈가 연결되고 살과 힘줄과 피부가 생기더니 되살아나 큰 무리를 이루었다. 신은 무엇이든 가능하다. 신이 명령하면 죽은 자도 부활한다. 이것이 일신교의 사고방식이다. 그런데 유대교에서는 과연 신이 그렇게 명령했는지에 관해 의견이 나뉘었다.

부활은 두 번째 창조다

부활은 어려운 개념이다. 잘 생각해보면 신이 사람을 만들었다는 생각부터가 쉽지 않다. 하지만 창조를 믿을 수 있다면 부활의 믿음도 받아들이기 쉽다. 다시 한번 1800년 런던에서 태어난 존을 예로 들어보자.

(창조) **신이 존을 만들려고 생각한다**
⇩
무기물로 존을 만든다 (신은 설계도를 가졌다)
⇩
(부활) **신이 존을 부활시키려고 생각한다**
⇩
무기물로 존을 만든다 (창조할 때의 설계도를 다시 사용한다)

부활의 순간 신이 하는 일은 창조할 때와 같다. 따라서 어렵지 않다. 아니, 두 번째가 훨씬 간단할지 모른다. 그래서 다음과 같이 말할 수 있다.

부활은 두 번째 창조다. *12

존이 모르는 사이 존의 정신 백업이 시시각각 신에게 전송되고 있다. 그 백업 데이터만 있으면 곧바로 존을 재현할 수 있다.

사람은 죽지 않는다

사람은 부활한다. 이 믿음이 기독교의 핵심이다. 지금까지 부활한 인물은 예수 그리스도뿐이지만 종말이 오면 모든 사람이 부활한다. 이를 가르쳐주기 위해 예수는 십자가에 못 박혀 죽은 지 3일 만에 부활했다. 그리고 제자들 앞에 모습을 드러내고 하늘로 올라갔다. 언젠가 다시 지상으로 내려와 살아 있는 사람들과 죽은 후 부활한 사람들을 심판할 것이다. 이 내용은 니케아 신조(Nicaea信條)에 기록돼 있다.

반면 이슬람교에서는 예수가 십자가에 못 박히지 않았고, 직접 승천했으며, 십자가에서 죽은 자는 예수를 대신한 다른 누군가라고 생각한다. 예수는 종말이 올 때 다시 돌아온다. 죽은 자는 모두 부활한다. 세세한 부분은 기독교와 다르지만 부활과 최후의 심판을 믿는 건 마찬가지다.

정리하면 다음과 같다. 종말이 오면 한 사람도 남김없이 모두 부활한다. 부활은 죽은 후 '한 번 더', '나의 몸'으로 태어나는 것이다. 부활하면 '나는 부활했다'고 자각할 수 있다. 의식이 지속한다는 의미다. 물론 인격도 지속하고 책임 역시 지속한다. 존은 한번 만들어지면 더는 세상에서 사라지지 않는다. 그리고 구원받을 경우 신의 왕국에서 영원히 살게 된다. 구원받지 못하면 게헤나(예루살렘 남서쪽에 있는 계곡)로 끌려가 꺼지지 않는 불지옥에서 영원히 고통받는다. 이 두 가지 중 하나다.

존은 존이다. 개인은 개인이다. 신은 그에 따르는 책임을 엄하게 묻는다. 이를 명심하고 신을 경외하며 공경하는 마음으로 하루하루를 살아야 한다. 죽는다고 해서 책임을 면할 수 있는 게 아니기 때문이다. 사람은 죽는다. 일단은 그렇다. 그러나 부활한다. 반드시 그렇다. 그리고 더는 죽지 않는다. 영원히 사람은 죽지 않는다.

일신교에서는 사람이 죽어도 죽지 않는다고 생각한다. •13

이는 매우 특이한 사고방식일지 모른다. "정말 그런 걸 믿어?"라고 물어보고 싶어진다. 하지만 이를 믿는 것이 일신교(기독교, 이슬람교)다.

부활을 믿는다는 것

일신교에서 말하는 부활을 이해하려면 고도의 사고방식이 필요한 것처럼 느껴진다. 비록 겉모습은 그래 보여도 창조와 부활은 밑바탕이 같다. 부활은 제2의 창조다. 따라서 신을 창조주라 믿는 일신교는 부활을 믿는다. 기독교와 이슬람교는 그렇게 믿는다.

유대교 역시 신을 창조주라 믿지만 반드시 부활을 믿지는 않는다. 부활을 믿지 않는 일신교와 부활을 믿는 일신교는 무엇이 다를까? 죽으면 흙으로 돌아가 부활하지 않는다고 생각하는 유대교 신자 역시 부활을 믿는 사람과 크게 다르지 않다. 왜냐하면 신은 전지전능하기 때문이다. 존을 만들고 메리를 만들고 리처드를 만든 신은 한 사람 한 사람의 내면과 일거수일투족을 낱낱이 알고 있다. 그리고 기억한다. 그러한 신이 영원히 존재하며 기억한다면 존은 존으로서, 메리는 메리로서 영원히 신과 함께 살아가는 게 아닐까. 그렇다면 부활한 것이나 다를 바가 없다.

한 걸음 더 나아가 이렇게 생각할 수 있다. 세상에 창조주 같은 건 없다고 해보자. 세상은 단지 자연법칙과 인과관계에 따라 작용할 뿐이다. 자연법칙과 인과관계의 축적으로 존은 존으로서 세상에 존재하고 메리는 메리로서 세상에 존재한다. 어느 때 존은 세상에 태어나 존으로서 살다가 죽었다. 두번 다시 부활하지 않는다. 존은 죽음을 경계로 영원히 사라지고, 머지않아 사람들은 존의 존재를 잊어버린다. 그가 있었다는 흔적조차 자취를 감추고 사라진다. 존을 기억해주는 신이 없기 때문이다. 모두가 그렇게 잊혀지고 모든 일이 흔적 없이 사라져버린다. 신이 있어도 개입하지 않으면 없는 것이나 마찬가지다.

그렇다고 한다면 신이 존을 기억한다는 건 존이 확실히 이 세상에 존재했고 활동했다는 '사실'이 된다. 모두가 존을 잊어버려도, 그가 세상에 존재했다는 증거가 모조리 사라져버려도 상관없다. 존이 세상에 존재했음은 틀림없는 사실이기 때문이다. 이 사실은 결코 부정할 수 없다. 이 의심의 여지 없는 사실에 만족하고 감사한다면 창조주를 믿고 부활을 믿는 것과 마찬가지다. 여기서 다음과 같이 말할 수 있다.

내가 존재했다는 사실에 만족하면 신의 창조와
부활을 믿는 것과 거의 같다. •14

신이 당분간 세상 밖에 머물며 세상일에 관여하지 않고 종말이 올 때까지 주권을 행사하지 않는다면, 사람들은 세상에 신이 존재하는지 안 하는지 구별하지 못할 것이다.

자연법칙과 창조

"거의 같다"고 말할 수 있다 해도 완전히 똑같은 건 아니다. 신이 세상을 창조했다는 생각과 그렇지 않다는 생각에는 어떤 차이가 있을까?

신 같은 건 없다고 확신하는 유물론자가 있다고 가정해보자. 그는 세상이 자연법칙에 지배받는다고 생각한다. 자신도 자연의 일부이므로 자연법칙에 지배받는다고 생각한다. 자연법칙은 자연법칙일 뿐 배후에 아무것도 없다. 이때 그가 존재하는 이유는 무엇일까? 자연법칙이 그를 존재하게끔 하기 때문이다. 그런데 자연법칙은 인과법칙이다. 전제(초기 조건)을 특정하면 원인으로부터 결과를 설명할 수 있다. 즉 자신의 존재를 자연법칙으로 설명한다는 건 전제를 둔다는 뜻이다. 그렇다면 그 전제(원인)는 어디에서 온 걸까? 한 번에 설명되지 않는다. 전제도 자연법칙에 따라 일어난다면 전제를 만든 전제가 있어야 한다. 이런 식으로 따지고 들어가면 한도 끝도 없다. 결국 왜 내가 여기에 있는가를 자연법칙으로 설명하려 하면 설명되지 않는 전제가 남는다. 이러한 전제는 우주의 기원을 설명하는 빅뱅 이론에도 적용된다. 정리하면, 자연법칙에 따른 설명은 세상의 모든 이치를 밝힐 수 없다. 설명 불가능한 허점이 있기 때문이다.

토끼 / 오리 그림 (비트겐슈타인 《철학적 탐구》에서)

설명할 수 없는 허점을 인과법칙에서는 '우연'이라고 부른다. 왜 그렇게 되는지 설명할 수 없지만 그렇게 되었기 때문이다. 그렇다면 내가 존재하는 건 우연이 되어버린다. 허점은 여전히 빈틈으로 남아 있다. 이 설명할 수 없는 빈틈을 메우려고 애쓸수록 인과법칙으로는 메울 수 없다는 사실을 알게 된다. 여기에는 인과법칙을 넘어서는 원인이 필요하다. 그것이 창조(신의 뜻)다! 신이 세상은 이렇게 되어야 한다고 의지를 드러냈기 때문에 세상은 이렇게 존재한다. 이것이 창조다. 세상이 이러한 모습으로 있는 이유는 신이 그렇게 창조했기 때문이다.

창조주인 신이 있다는 생각과 자연법칙이 모든 것을 지배한다는 생각은 모순되지 않고 양립한다. 자연법칙이 세상을 지배한다고 생각해도 괜찮고, 자연법칙과 함께 신이 세상을 창조했다고 생각해도 상관없다. 자연법칙이 세상을 지배한다면 세상의 이런 모습은 결국 '우연'이다. 신이 세상을 창조했다면 세상의 이런 모습은 '필연'이다. 신의 의지, 즉 기적이라고 할 수 있다. 이 두 가지 생각은 토끼로도 보이고 오리로도 보이는 그림처럼 세상의 두 가지 모습(aspect)이다. 둘은 서로 교체가 가능하다.

> '신이 세상을 창조했다', '세상은 우연이다'라는 생각은
> 세상의 두 가지 모습이다. • 15

일신교의 '신'을 믿는 것과 세계가 '자연법칙'에 지배받고 있다고 믿는 것은 물이 조건에 따라 얼음이 되거나 수증기가 되는 상전이(相轉移) 현상처럼 서로 오갈 수 있다.

이슬람교의 기본 신앙

지금부터는 일신교 가운데 가장 논리적으로 잘 정리된 이슬람교의 신앙을 살펴보자. 다시 한번 말하지만 이슬람교 신앙의 기본은 다음 두 가지다.

A 알라가 세상을 창조했다.

B 마호메트는 알라의 '마지막이자 최고'의 예언자다.

신 알라가 세상을 창조했다. 알라 이외의 신은 없다. 즉 A는 이슬람교가 일신교라는 선언이다. 신 알라는 어떤 존재일까? 그것은 알라만이 알고 있다. 알라가 알고 있다면 그걸로 충분하다. 사람은 알 필요가 없다. 사람은 알라가 어떤 존재인지 이해할 수 없다. 이슬람교를 믿는 사람에게 물어보니 이슬람교에서는 무엇이든 논의해도 좋지만 신에 관해서는 논의하면 안 된다고 한다.

그렇다면 마호메트는 어떤 사람인가? 그는 신 알라의 예언자다. 알라는 세상에 수많은 예언자를 보냈다. 모세도 알라의 예언자다. 예수도 알라의 예언자 중 한 명이다. 따라서 모세를 따르는 유대교 신자(이스라엘 민족)와 예수를 따르는 기독교 신자는 넓은 의미에서 이슬람교도라고 할 수 있다. 신의 이름은 다를지라도 모두 앞의 A를 인정하고 있기 때문이다. 그 밖에도 많은 예언자가 있다고 한다. 그중 마호메트는 '마지막이자 최고'의 예언자다. 최고이기 때문에 다른 예언자보다 그를 따라야 한다. 마지막이기 때문에 마호메트 이후에 더 이상의 예언자는 없다. 따라서 마호메트의 예언이 바뀌는 일은 없다. 최후의 예언자라는 말은 마호메트 이전에 알라의 예언자들이 있었다는 뜻이다. 그들의 예언을 따르더라도 알라는 용인해준다. 그래서 이슬람교에는 유대교, 기독교를 위한 장소가 있다. 이를 관용이라고 말해도 좋다.

세상에 단 하나뿐인 것들

이제 코란에 대해 알아보자. 코란은 마호메트가 신 알라에게 받은 계시(메시지)를 정리한 책이다. 처음부터 끝까지 신의 말씀이다. 마호메트는 신의 말씀을 오른쪽에서 왼쪽으로 전했을 뿐이다. 코란은 정말로 신의 말씀일까? 코란 본문에 신 스스로 일인칭 시점에서 이것은 '신의 말'이라고 밝히고 있다. 마호메트도 코란이 신의 말씀이라는 사실을 보증한다. 코란에는 신밖에 알 수 없는 신비한 내용이 쓰여 있는데, 그 완벽한 문체는 인간의 기량으로는 가늠할 수 없다. 신의 말씀이 분명하다. 이런 코란을 포함하여 이슬람교는 유일성(Tawheed)를 중시한다.

- 알라는 유일한 신
- 마호메트는 유일한 예언자
- 코란은 유일한 신의 책
- 움마(Umma, 이슬람 공동체)는 오직 하나

'알라 → 마호메트 → 코란 → 움마'가 일직선으로 연결되어 있다. 아주 명쾌하다. 신 알라가 창조주임은 코란에 쓰여 있다. 코란은 인류에게 보내는 신의 명령이다. 따라서 이슬람교도에게 코란은 일상생활을 지배하는 중요한 삶의 법률이다. 코란을 규범집으로 삼아 생활하는 이들이 이슬람교도다.

한편 이슬람 공동체의 지도자를 칼리프(Caliph) 또는 이맘(Imam)이라고 부른다. 칼리프는 마호메트의 정치적 후계자다. 칼리프도 한 명만 있어야 한다. 이슬람교 탄생 이후 몇 세기가 지나면서 칼리프는 계승되지 못한 채 지금은 공석으로 남아 있다. 혈연으로 세습하던 것이 단절되고 또 어딘가로 은둔하여 모습을 감춰버렸다.

신의 아들 예수 그리스도

이슬람교에 비해 기독교는 이야기의 줄기가 굴절되어 직선적 체계를 이루지 못하고 있다. 예수 그리스도가 있기 때문이다. 예수 그리스도가 십자가에 못 박혀 죽은 후 부활한 사건은 기독교의 근간을 이룬다. 예수 그리스도는 어떤 존재인가? 그리스도란 구세주를 의미한다. 히브리어로는 메시아다. 나사렛의 예수는 유대교도로서 혁신적인 사상을 지닌 인물이었다. 복음서에 기록된 많은 에피소드를 통해 이를 짐작할 수 있다. 예수가 죽은 후 그가 그리스도이며 신의 아들이라고 믿는 사람이 늘어났다. 그렇게 기독교가 시작되었고 수 세기에 걸쳐 교리가 만들어졌다. 기독교의 기본 사고방식을 정리하면 다음과 같다.

1.   신(God)이 있다.

1-1. 신이 아들(예수)을 낳았다.

1-2. 신과 신의 아들로부터 성령이 나왔다.

2.   신이 세상을 만들고 사람도 만들었다.

3.   신은 모세에게 율법(계약)을 주었다.

4.   신은 사람이 율법을 지킬 수 없다는 걸 알았기 때문에 아들 예수를 그리스도(구세주)로서 세상에 보냈다.

5.   예수는 인류의 죄를 대신해 십자가에 못 박혀 죽은 후 부활해 하늘로 올라갔다.

6.   예수가 율법을 갱신해 새로운 계약을 맺었다.

7.   언젠가 예수가 재림하고 죽은 자가 부활한다.

8.   예수가 그들을 심판해 구원받으면 신의 왕국에 들어가고 구원받지 못하면 불타는 형벌을 받는다.

창조(2)도 부활(7)도 신의 능력(기적)이다. 신은 누가 언제 어디에서 태어날지 통제한다. 부활과 최후의 심판도 통제한다. 이것이 신의 계획이다. 여기서 예수 그리스도의 역할은 무엇일까? 신은 사람이 아니라서 선뜻 지상으로 내려설 수 없다. 그래서 신을 대신해 예수 그리스도가 인류를 구원하기 위해 사람으로 태어났다. 그는 십자가에서 처형된 후 부활해 하늘로 올라갔고 다시 등장할 차례(재림)를 기다리고 있다. 정리하면, 모세의 율법으로 인류를 구원할 수 없다고 생각한 신이 아들을 희생해 인류를 구원하고자 한 것이다.

사람이 부활하는 이유

예수 그리스도는 부활했다. 부활은 기적이다. 부활한 사람은 지금까지 예수 그리스도뿐이다. 《요한복음》 11장에는 예수가 나사로를 부활시키는 이야기가 나온다. 나사로가 병으로 죽자 예수가 묘지 앞에서 명령한다. "나사로야, 나오너라." 그러자 나사로가 되살아나 묘지 밖으로 걸어나왔다. 이것 역시 부활(기적)이긴 하지만 영원한 생명을 얻은 것은 아니다. 나사로는 되살아났지만 결국 나이 들어 늙어 죽었다. 반면 예수는 영원한 생명을 얻고 되살아났기 때문에 더 이상 죽지 않는다. 진정한 의미에서 부활한 존재는 예수뿐이다.

예수가 부활했다는 것. 이것이 바로 복음(좋은 소식)이다. 신, 즉 예수는 누가 언제 태어나고 언제 죽는지를 완전히 통제한다.

사람은 신의 명령으로 태어나고 죽는다. 따라서 신이 모든 사람에게 부활하라고 명령하면 모두가 되살아난다. 정말 모든 사람이 부활할까? 그렇다고 믿는 게 기독교다. 이슬람교는 예수가 부활했다고 생각하지 않지만 부활 자체는 믿는다. 알라가 사람에게 부활을 명령한다고 코란에 쓰여 있기 때문이다.

부활로 인해 사람의 행동이 바뀐다. 끔찍한 악행을 저지른 후 죽고 나서 벌을 받지 않는다면 신의 지배는 불완전한 게 되어버린다. 죽어도 부활하기 때문에 악행에 대한 벌을 피할 수 없다. 즉 신의 주권이 완전하기 위해서는 사람이 부활하지 않으면 안 된다.

예수의 가르침

복음서에 예수의 가르침이 자세히 기록되어 있다. 예수는 신에게 기도하는 방법을 가르친다. 〈주기도문〉이다. "나라에 임하시오며…" 영어로는 "Thy kingdom come… (신의 왕국이 오시도록)"이다. 신의 왕국은 신이 사람들을 직접 지배하는 곳이다. 이 기도문은 지상에도 신의 지배력이 세워지기를 기원한다는 뜻으로도 이해할 수 있다. 기독교는 이 부분을 최후의 심판 이후 지상이 아닌 어딘가에 신의 왕국을 세운다는 약속으로 이해한다. 부활한 사람들이 그곳으로 가게 된다.

생명에 관해서는 이렇게 말한다. "공중의 새를 보아라. 씨를 뿌리지도 않고, 거두지도 않고, 곳간에 모아들이지도 않으나, 너희의 하늘 아버지께서 그것들을 먹이신다. 너희는 새보다 귀하지 않느냐? 너희 가운데서 누가, 걱정한다고 해서 제 수명을 한순간인들 늘일 수 있느냐?《마태복음 6장》" 생물도 사람도 신이 키운다. 수명은 정해져 있다. 끙끙 앓아봤자 소용없다. 그러니 신을 믿고 신에게 맡기며 하루하루 살아가는 게 현명하다. 또 이렇게 말한다. "(참새) 그 가운데 하나라도 너희 아버지께서 허락하지 않으시면 땅에 떨어지지 않을 것이다. 아버지께서는 너희의 머리카락까지도 다 세어놓고 계신다《마태복음 10장》." 머리카락 한 올 놓치지 않고 모두 세어놓았다면 세포는 물론 DNA조차 남김없이 세어놓았음이 틀림없다.

부자의 밭이 풍작이었다. "내 소출(곡식)을 쌓아둘 곳이 없으니, 어떻게 할까? … 내 곳간을 헐고서 더 크게 짓고, 내 곡식과 물건들을 다 거기에다가 쌓아두겠다. 그리고 내 영혼에게 말하겠다. 영혼아 … 너는 마음 놓고 먹고 마시고 즐겨라." 그러자 신이 말했다. "어리석은 사람아, 오늘 밤에 네 영혼을 네게서 도로 찾을 것이다《누가복음 12장》." 예수는 자기만을 위해 부를 쌓기보다 신과 신의 가르침을 위해 재물을 쌓으라고 가르친다.

예수가 가르친 〈주기도문〉은 "오늘날 우리에게 일용할

양식을 주시고…"라고 기도한다. 내일 먹을 것까지 구하지 않는다. 자원은 유한하고 적다. 누군가가 내일 또는 내년에 먹을 식량을 구하려 한다면 가난한 사람은 더욱 가난해지고 괴로워할 것이다. 오늘 먹을 것만 구하고 나머지는 신에게 맡기는 삶이 신의 주권을 믿는 일이다.

구원받은 자들의 세상

신의 왕국은 어떤 곳일까? 예수가 설명한 단편적인 내용을 모아 정리하면 다음과 같다. 우선 지상과 달리 신의 왕국에는 가족이 없다. 사람들은 부활해서 영원한 생명을 받고 더 이상 죽지 않는다. 따라서 생식 능력이 필요 없을뿐더러 남녀가 따로 없다. "사람이 죽은 사람들 가운데서 살아날 때는 장가도 가지 않고 시집도 가지 않고 하늘에 있는 천사들과 같다《마가복음 12장》." 부부로서의 관계가 사라지고 남편과 부인이었던 사람들이 형제자매처럼 지내게 된다.

다음으로 지상과 달리 신의 왕국에는 경제가 없다. 영원한 생명을 받았기 때문에 더 이상 먹지 않아도 되고 생리 현상도 일어나지 않는다. 음식도 필요 없고 늙지도 않는다. 사람에게 필요한 물자를 제공하는 활동, 즉 경제가 사라진다. 노동도 분업도 화폐도 부자와 가난한 자도 없다. 또한 정치도 없다. 신의 왕국에서는 신이 직접 사람을 지배한다. 사람이 사람을 지배하는 일이 없어서 정치가 존재하지 않는다. 다툼이나 전쟁이 없는 평화로운 세상이다.

이렇듯 신의 왕국에서는 가족도 경제도 정치도 없어서 사람들이 겪던 사회생활 대부분이 사라진다. 신의 왕국은 그런 곳이다. 기독교의 경우는 이렇다. 이슬람교에서 말하는 천국의 이미지는 더 구체적이고 근사한 모습으로 코란에 적혀 있다.

파격적인 교회와 종파들

지금까지 일신교가 삶과 죽음을 어떻게 생각하는지 살펴보았다. 기독교나 이슬람교 중 어느 한쪽에 이미 믿음을 지니고 있다면 이렇게 믿고 살아가면 된다. 신앙심은 없지만 관심이 있는 사람이라면 이번 기회에 교회나 모스크에 찾아가 보는 것도 좋다. 그런데 만약 신앙심이 없다면? 신앙이 없으면 일신교의 훌륭한 사고방식을 받아들일 수 없는 걸까?

기독교에는 신조(信條, creed)라는 정해진 신앙 규칙이 있다. 예를 들어 삼위일체(三位一體) 같은 교리를 들 수 있다. 신자라면 불만 없이 이를 받아들여야 한다. 갑갑한 부분이다. 종교 개혁은 이러한 교리 중 일부를 없앴는데, 예전 루터파는 가톨릭의 성스러운 7성사(七聖事)를 두 가지로 줄였다. 그래도 전통은 지금까지 나름대로 유지되고 있다.

기독교 전통에 매우 비판적인 교회도 있다. 신조는 예수가 죽고 나서 오랜 시간이 지나 교회(사람들의 모임)가 적당히 결정한 것인데, 그런 것에 속박당할 필요가 없다는 게 그들의 주장이다. 이러한 비판은 성서학과 신학의 발전과 함께 대두되었다. 그들은 예수의 진정한 모습을 복원하려는 노력을 진행 중이다. '역사적 예수' 말이다.

퀘이커(Quaker)라는 기독교 종파가 있다. 이들은 신 앞에 모두가 평등하며 순수한 신앙을 강조한다. 다른 기독교 종파와 달리 세례나 빵과 포도주 예식 등을 거부하며, 목사도 설교도 십자가도 없다. 예배의 순서도 없다. 오로지 내면의 빛(신이 현현하는 체험)을 중시한다. 이들은 기독교 전통에서 한참 벗어난 것처럼 보이지만 정작 퀘이커 신자들은 오히려 자신들이 기독교의 본래 모습으로 돌아왔다고 생각한다.

심지어 유니테리언(Unitarian)이라는 종파는 삼위일체를 인정하지 않는다. 예수가 신이라거나 신의 아들이라는 것도 인정하지 않는다. 예수는 위대한 목사라는 입장이다. 이들은 유대교나 이슬람교는 물론 불교를 비롯한 여러 종교에 경의를 표할 만큼 관용적인 종파다. 이 밖에 유니버셜리스트(Universalist) 등 엄격하지 않은 기독교 종파가 몇몇 더 있다.

이슬람교는 코란과 이슬람 율법으로 행동 패턴이 정해져

있다. 마치 꼭 맞게 짜인 틀과 같아서 마음대로 느슨하게 할 수 없다. 다만 행동 방식은 정해져 있어도 사고방식은 자유롭다. 기독교 신조처럼 사람을 옥죄지 않는다. 어쩌면 이슬람교는 처음부터 느슨한 종교였는지도 모른다.

일신교의 세 가지 본질

일신교를 느슨하게 살펴봄으로써 부차적인 부분에 얽매이지 않고 그 본질을 파악할 수 있다. 특정 교회나 종파에 연연하지 않고 일신교의 본질을 알고자 하는 사람이 많을 것이다. 그 본질의 실마리가 무엇인지 알아보자.

1. 세상은 우연이 아니다

세상에서 벌어지는 일은 모두 반드시 일어나야 할 일(필연)이다. 또 어떤 현상은 일어나지 않아도 되는 일(우연)이다. 우연을 두드러지게 하는 도구로 주사위나 룰렛이 있다. 보고 있으면 우연이라는 생각밖에 들지 않는다. 반면 일식 현상이 예정대로 일어난다면 세상은 자연법칙에 따라 움직인다고 생각할 수 있다.

지금 내가 여기에 이렇게 있다는 사실은 어떻게 봐야 할까? 어떤 의미로는 우연일 뿐이다. A학교를 졸업하고, B회사에서 근무하고, C와 결혼했다. 아이도 두 명 태어났다. 어느 정도 의도한 방향이긴 하지만 모든 게 뜻대로 된 것은 아니다. 입시에 실패하고, 원하지 않던 일이 직업이 되고, 사랑하는 사람과 헤어졌다면 완전히 다른 인생이 되었을 것이다. 그러나 A학교에 입학하지 못하고, B회사에서 근무하지 못하고, C와 결혼하지 못했다고 한들 나라는 존재가 바뀌었을까? 그 역시 내가 아니었을까?

'이 세상'을 살아가는 나와 별개로 또 다른 내가 있다. 이러한 사고방식을 철학에서는 가능세계 의미론(可能世界意味論)이라고 한다. 나는 어떤 가능세계에서도 나다. 가능세계가 있을지도 모른다는 직관은 나쁘지 않다. 하지만 이 생각을 더 깊게 파고들어 가면 '나'라는 존재가 사라질지 모른다. A학교에 입학하지 못한 나, 두 살이 될 때까지 걸음마를 떼지 못한 나, 현재의 부모로부터 태어나지 못한 나, 개로 태어난 나… 이런 식으로 말이다. 결과적으로 어떻게 생각하면 좋을까? 세상에는 분명 많은 우연이 섞여 있다. 하지만 많은 필연도 있다. 우연과 필연이 직물처럼 엮인 상태가 이 세상이다. 거기에 '나'라는 존재가 있다.

이 세상은 대부분 필연이고 나머지는 우연이다. •16

먼저 세상의 필연적 구조를 이해해보자. 과학에서 말하는 자연법칙이 도움이 된다. 과학에 만족해서 세상의 우연에는 무관심한 사람들처럼 '나머지는 우연'이라는 말은 무시해도 좋다. 그러면 세상에는 필연만이 남게 되고 합리주의자로 살아갈 수 있다. 그러나 합리주의자는 내가 '나'임을 설명할 수 없다. 내가 '나'라는 핵심에는 우연이 자리 잡고 있기 때문이다.

내가 '나'로 존재한다는 건 합리적으로 설명할 수 없다. [17]

나라는 존재를 우연의 결과로 생각하는 건 하나의 길이다. 이와 반대로 그것을 어떤 '의지의 작용'이라고 생각할 수도 있다. 이렇게 생각하는 것 역시 하나의 길일 뿐이다. 일신교는 이 의지의 작용을 '신'이라고 부른다. 그런 길을 가는 종교다. 내가 존재하는 건 우연이라고, 혹은 신의 의지라고 생각할 수 있다. 하지만 어떤 식으로 세상을 관찰하든지 간에 어느 한쪽이 절대적이라는 결론은 내릴 수 없다. 그 두 가지는 세상을 서로 다른 관점에서 보여주는 각각의 시점이기 때문이다.

2. 세상은 창조주의 의지다

'나'라는 존재는 우연이 아닌 무언가의 의지다. 그 무언가는 신이다. 신이 세상을 창조했다. '창조'란 의지를 통해 존재를 만들어내는 걸 말한다. 창조 행위로 세상과 내가 만들어졌다. 그렇다면 내가 존재하는 데는 이유가 있을 것이다. 곰곰이 생각해보자. 세상은 우연의 결과물이라는 생각으로는 이렇게 깊이 파고들기 어렵다.

신이 '나'를 창조했다. 필연으로 여겨지는 부분도, 우연으로 여겨지는 부분도 전부 신이 만든 것이다. 왜냐하면 신이 세상을 전부 창조했기 때문이다. 세상에는 신의 의지가 두루 퍼져 있다. 창조는 신의 재주요, 창조된 것은 자연이다. 자연에는 사람의 손길이 닿지 않았다. 창조된 이후 세상에 사람들이 손길을 가했다. 이를 사람의 재주라고 한다. 사람의 손길이 닿은 것을 문화라고 한다. 사람의 재주는 신의 재주로 유지되고 신의 재주와 합해져 실현된다. 요컨대 모든 일은 신의 재주이거나 신의 재주가 모양을 바꾼 것이다. 신의 의지가 세상에 두루 퍼져 있다면 세상일 하나하나에 신의 의지가 담겨 있다는 뜻이 된다. 이는 곧 신이 보내는 메시지다. 메시지라면 그 의미가 무엇인지 곰곰이 생각해봐야 한다.

3. 창조주는 신이 아니어도 된다

신은 말씀으로 사람에게 의도하는 바를 전한다. 예언자는 그것을 받아적고 기록한다. 신은 또 세상의 다양한 사건을 통해 메시지를 전한다. 그러면 사람은 신을 믿고 따른다. 신은 사람을 능가하는 거대한 존재다.

　사람이 신을 따라야 하는 이유는 신이 거대한 존재여서 이기도 하지만 그게 사람이 사람을 따르는 것보다 낫기 때문이다. 사람이 사람을 따라야 하는 비참함은 역사를 통해 잘 알 수 있다. 고대는 노예제 사회였다. 차마 눈 뜨고 볼 수 없을 만큼 잔혹했다. 물론 이러한 비판은 일신교도 비켜 갈 수 없다. 만약 신을 만든 게 사람이라면 그보다 더 큰 죄는 없다. 신이 존재한다지만, 어쩌면 이는 사람들이 유불리를 따져 신을 존재하는 대상으로 정한 것일지도 모른다.

　이렇게 신이라는 존재에 물음표를 붙이면 세상은 더욱 우연으로 이루어졌다는 이야기가 되는 걸까? 그렇지 않다. 신은 없을지 몰라도 세상을 존재하게 하는 의지는 분명히 있다. 예를 들어 기독교의 퀘이커 종파는 내면의 빛을 중시한다. 내면의 빛을 느끼는 일은 세상을 존재하게 하는 의지와 접하는 체험이다. 그 빛이 신인지 창조주인지는 알 수 없지만, 그러한 체험이 가능하다면 꼭 예수 그리스도가 존재해야 할 필요는 없다. 유니테리언 종파는 신이라는 표현 대신 '더 높은 분', '위대한 분' 등으로 표현한다. 인간을 넘어선 초월적 존재라는 뜻이다. 이 존재는 신이 아니므로 사람과 계약을 맺지 않고 명령을 내리지도 않는다. 그저 사람이 그 존재를 응시할 때 서서히 스며 나오는 무엇이다.

사람을 초월하며 세상을 존재하게 하는 의지가 창조주다. [18]

이러한 창조주에게 경외심을 지닌다면 프리스타일 일신교에 속한다고 말할 수 있다.

프리스타일 일신교도로 살기

이렇게 일신교를 느슨하게라도 받아들이면 누구나 바로 일신교를 시작할 수 있다. 유대교, 기독교, 이슬람교 같은 종교에 얽매이지 않아도 된다. 시작은 간단하다. 먼저 여기에 '나'라는 존재가 있는 것이 어떤 의미인지 생각해본다. '작고 나약한, 유한한 존재구나' 하고 주시한다. 유한한 존재, 태어나기 전으로 돌아갈 수 없고 죽고 난 후에 어떻게 되는지 모르는 존재, 이 '나'라는 존재가 경험할 수 있는 건 세상의 극히 일부뿐이다. 왜 내가 존재하는지 아무리 생각해봐도 도무지 알 수 없다. 오직 알 수 있는 건 '세상은 크고 나는 작다'는 사실뿐이다.

나를 이곳에 존재하게 하는 무언가를 인식하려는 행동은 자신을 초월한 세상에 다가서려는 인식의 확장이다. 세상은 크고 그 끝은 도저히 도달할 수 없다. 반대로 그 거대한 세상이 나를 이렇게 존재하게 한다. 나를 이 세상에 존재하게 하는 작용, 그것을 우연이라고 부르면 세상과 나의 존재 의미가 사라지고 만다. 그러니 그 작용을 창조주라고 부르자. 창조주가 세상과 나를 만들었다. 그 의지에 응답하는 삶을 살아가자. 응답을 마치고 생을 마감하자. 이렇게 생각하며 살아간다면 누구라도 나름의 방식으로 일신교 프리스타일의 삶을 살아가는 것이다. 물론 일신교뿐만 아니라 불교 프리스타일, 유교 프리스타일의 삶도 상관없다. 이에 관한 자세한 내용은 책의 마지막에서 일러주겠다.

3
죽음은
우주의
질서다

인도 사람들은
이렇게 생각한다

인도는 메소포타미아 문명과는 또 다른 하나의 고대 문명이 탄생한 곳이다. 고대 시기, 아리아 민족이 인도 땅에 침입해 원주민을 지배하기 시작하면서 그 유명한 카스트 제도를 성립했다. 그때 아리아 민족이 인도로 들여온 종교가 브라만교다. 이후 브라만교가 서서히 토착화하면서 힌두교가 되었다. 힌두(Hindū)란 '인도의'라는 뜻이다. 이 힌두교를 바탕으로 자이나교와 불교 같은 다양한 종교가 파생되었다. 이들을 통들어 인도 문명이 낳은 종교라고 할 수 있다. 그 후 인도에 이슬람교가 전파되었다. 일신교인 이슬람교는 힌두교와 사고방식이 매우 달랐다. 그로 인해 두 종교는 심하게 대립했는데, 지금까지도 물과 기름 같은 관계를 유지하고 있다.

브라만교, 힌두교, 불교의 밑바탕에는 인도 문명 공통의 사유가 자리 잡고 있다. 먼저 이 부분을 살펴본다. 그런 다음 인도 문명이 낳은 종교 가운데 중앙아시아, 중국, 한국을 거쳐 일본으로 전해진 불교에 대해 알아본다. 이 과정을 통해 죽음에 관한 또 하나의 사고방식을 손에 넣게 될 것이다.

원인이 있고 결과가 있다

인도 사람들의 사고방식은 인과론에 기초해 있다. 인과론은 영어로 코젤러티(causality)라고 한다. 이와 관련해 불교에서는 인연(因緣)이라든가 연기(緣起)라는 말을 쓰는데, 오랫동안 불교의 영향을 받은 한·중·일 세 나라에서 일상적으로 쓰이는 단어가 되었다. 그렇다면 인과론이란 무엇인가? 간단하게 말하면 원인이 있으므로 결과가 있다는 것이다. 반대로 원인이 없으면 결과도 없다는 말도 된다. 아주 단순한 사고방식이다. 예를 들어 사건 A가 다른 사건 B를 일으켰다고 가정해보자. 사건을 일으킨 쪽이 원인이고 사건으로 인해 영향을 받은 쪽이 결과다. 정리하면 다음과 같다.

사건 B를 일으킨 사건 A를 B의 원인이라고 한다. [19]
사건 A로 인해 일어난 사건 B를 A의 결과라고 한다. [20]

사건 A (인) 원인
▼
사건 B (과) 결과

그림 3-1

원인과 결과의 관계는 관찰할 수 있고 이해할 수 있다. 신비로
운 면이 조금도 없다. 인과론은 합리적인 사고방식이며 근대
적인 사고방식이다. 사건 A가 왜 사건 B를 일으키는 걸까? 이
유는 알 수 없다. 하지만 몇 번이고 반복하기 때문에 A → B의
인과관계는 확실하다. 이러한 인과론 자체는 신의 신앙과 직
접적인 관계가 없다. 하지만 인도의 인과론은 조금 특별한 부
분이 있어서 점차 복잡해지면서 세상을 전부 뒤엎어 버리려
고 한다. 그 정도로 인과론이 확장되면 가히 종교라고 말해도
될 법하다.

사건 A (원인) → 사건 B (결과) [21]

인과론의 반대는 목적론이다. 목적론은 영어로 틸리알러지
(teleology)다. 일신교의 사고방식이 목적론이다. 목적론은 도
중에 경과가 어떻게 흘러가든 결국에는 정해진 상태가 실현
된다는 사고방식이다. 전지전능한 신이 있다면 신의 뜻대로

상태가 실현된다. 그것이 종말이요, 최후의 심판이며, 신의 왕국이다. 신이 개입하기 전까지는 세상이 인과관계라는 자동 프로그램에 따라 운행되는 것처럼 보일지 모른다. 하지만 일단 신이 개입하면 인과법칙보다 신의 의지가 우선되며 세상이 목적론으로 움직이고 있었음이 드러난다. 인과론에는 목적론의 '최종적 상태'라고 할 만한 것이 없다. 사건은 어디까지나 연쇄적인 인과관계를 통해 계속해서 일어난다. 끝이 없다. 철저히 인과론의 논리로 바라보면 세상이 어떻게 보일까?

끝없는 인과의 네트워크

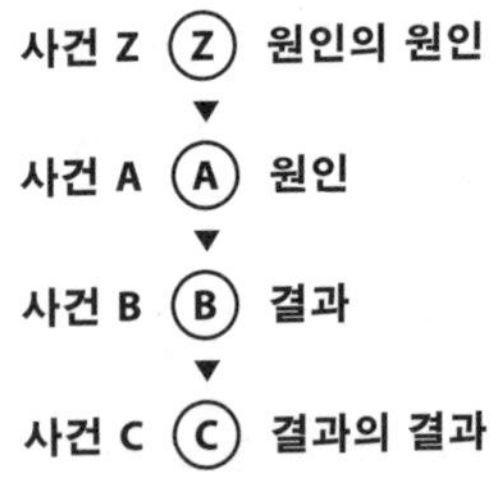

사건 Z (Z) 원인의 원인
▼
사건 A (A) 원인
▼
사건 B (B) 결과
▼
사건 C (C) 결과의 결과

그림 3-2

인과관계는 사건과 사건의 관계다. 결과는 사건이다. 그런데 결과가 또 다른 사건의 원인이 될 수 있다. 원인도 사건이다. 그런데 원인이 또 다른 사건의 결과가 될 수 있다. 여기서 21

번 명제의 인과관계는 양쪽으로 연장되어 다음과 같이 쓸 수 있다(그림 3-2).

사건 Z (원인의 원인) → 사건 A (원인) → 사건 B (결과) → 사건 C (결과의 결과) •22

원인과 결과의 연쇄는 이것으로 그치지 않는다. 원인의 원인에는 원인의 원인의 원인이 있어야 한다. 여기에 다시 또 다른 원인이 필요하다. 근본 원인을 찾는 일은 무한 소급의 오류에 빠지게 된다. 끝이 없다. 마찬가지로 결과의 결과 역시 결과의 결과의 결과가 있어야 한다. 여기에 다시 또 다른 결과가 필요하다. 결과도 원인처럼 무한 소급에 빠진다. 따라서 이 연쇄 작용은 끝이 없다. 굳이 표현하면 그림 3-3과 같다.

그림 3-3

원인의 원인의 원인을 거슬러 올라가기 시작하면 멈출 수가 없다. 세상이 시작되는 순간을 향해 끝없이 거슬러 올라간다. 결과도 마찬가지다. 결과의 결과의 결과를 쫓아가면 이 또한 원인처럼 끝이 없다. 결과는 세상의 끝을 향해 끊임없이 나아간다. 그게 다가 아니다. 하나의 사건이 오직 하나의 결과만 낳는다고 단정할 수 없다. 동시에 몇 개의 결과를 낳을 수도 있다. 또한 하나의 사건이 오직 하나의 원인으로만 만들어진다고 말할 수 없다. 여러 사건이 원인이 되어 일어나는 일일 수도 있다. 그렇다면 그림 3-3의 연쇄 작용을 그림 3-4와 같이 바꿀 수 있다.

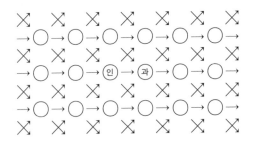

그림 3-4

사건의 인과 연쇄는 그물코처럼 이 세상을 뒤덮고 있다. 모든 사건이 인과 연쇄의 네트워크 안에서 일어난다. '나'라는 존재도 이러한 인과의 연쇄 작용에 연결된 사건 중 하나다.

내면 탐구의 기술

인도 문명은 '진리를 깨닫는 것'에 최고의 가치를 둔다. 브라만교도 힌두교도 불교도 이 점은 마찬가지다. '진리'란 무엇인가. 그것은 있는 그대로의 세상, 있는 그대로의 사건을 인식하는 일이다. 다시 말해 인과관계의 연쇄 네트워크를 인식하는 일이다. 그러한 인식, 즉 '진리를 깨닫는 것'은 가능하며 거기에 최고의 가치가 있다. 인도 사람들은 그렇게 확신한다. 이는 자연과학과 비슷하다. 자연과학 역시 세상의 인과관계를 인식하고 규명하는 것을 목표로 삼는다. 정말로 인도의 종교와 자연과학은 같은 것을 추구할까? 둘의 목표는 같을지 모르지만 방법은 다르다.

　　자연과학은 관찰과 실험에 기반을 둔다. 연구 대상을 한꺼번에 인식하려고 하는 대신 대상을 잘게 분해한다. 이를테면 물리·화학·생물·지리·천문학 등으로 분야를 나누고, 물리는 다시 응집물질물리학·전자물리학 등으로 더욱 세밀하게 나뉜다. 관심의 범위를 최대한 좁혀서 초점을 맞춘다. 그리고 실험한다. 실험이란 조건을 통제하는 행위다. 요인(변수) 사이의 관계를 예측대로 끄집어내기 위해 다른 모든 요인을 일정하게 유지한다. 이처럼 자연과학은 조건을 통제해 자연법칙의 일부를 알아내고 그것들을 종합함으로써 세상 전체를 인식할 수 있다고 생각한다. 과학자는 한 번에 전체를 인식하려 들지 않는다. 일단 꾹 참고 일부의 결과만으로 만족한다. 미래에 과학이 더 진보하면 마침내 자연 전체를 알게 될 것이라고 기대할 뿐이다.

자연과학과 달리 인도의 종교는 '명상'으로 진리에 도달하려 한다. 명상은 실험도 관찰도 하지 않는다. 그러면서 단박에 진리 전체를 파악하려 한다. '나'라는 존재가 지금 당장 진리를 움켜쥐려 한다. 또 하나의 특징은 인과관계의 범위가 자연 현상에 그치지 않는다는 점이다. '선한 행동을 하면 좋은 결과를 얻는다'는 생각처럼 인간 사회의 선악과 도덕의 문제까지 인과의 일부로 여긴다. 인과가 윤리 문제까지 관통하는 것이다. 그렇다면 명상이란 무엇인가? 명상이란 정신을 집중하는 행위를 말한다. 영어로는 메디테이션(meditation)이다. 차분한 마음으로 앉아서 자신의 정신에 주의를 집중한다. 이렇게 자신의 내면을 주시하는 행위가 어째서 진리를 인식하는 일일 수 있을까?

내 안에 우주가 있다

인도 사람들이 명상으로 진리에 도달할 수 있다고 생각하는 이유는 '우주 방정식(이 말은 내가 임의로 지은 것이다)'이 세상을 이루고 있다고 믿기 때문이다. 어떤 방정식인가? 이 세상(우주=매크로코스모스)과 '나'라는 존재(마이크로코스모스)가 대응한다는 공식이다. 수학에 동형사상(同型寫像)이라는 분야가 있다. 두 집합이 일대일 대응 관계를 이룰 때 연산 등의 수학적 구조가 보존되는 것을 말한다. 예를 들어 가위바위보라는 집합과 묵찌빠라는 집합의 대응 구조와 비슷하다. 집합으로서는 다르지만 알맹이는 똑같다는 얘기다. 세상과 나도 집합으로서는 다르지만 속은 동일한 구조로 되어 있다. 저기에 산이 있고 나의 내면에도 산이 있다. 눈앞에 친구가 있고 나의 내면에도 친구가 있다. 그래서 자신의 내면을 주시하면 굳이 시선을 바깥으로 향하지 않더라도 세상의 진정한 모습이 생생히 드러나게 된다(그림 3-5).

그림 3-5

'나'라는 존재(마이크로코스모스) 안에 우주(매크로코스모스)가 들어 있다는 의미로 이해하면 된다. 그런대로 합리적인 사고방식이다. 예를 들어 지구에서 수백만 광년 떨어진 곳에 안드로메다은하가 있다. 당신은 밤하늘을 수놓은 그 은하를 보고 있다. 은하는 아득히 멀리 있는 존재다. 당신의 내부에 있을 리 없다. 하지만 은하에서 내뿜은 빛이 멀리 우주 저편에서 날아와 당신의 눈 속으로 뛰어들었다. 그리고 망막에 맺힌 별들의 모습이 뇌로 전달되어 안드로메다은하를 인식하게 된다. 그러한 의미에서 안드로메다은하는 확실히 당신의 내부에 있다. 그렇다면 세상도 있는 그대로 당신의 내부에 축소되어 마음에 맺혀 있다고 말할 수 있지 않을까? 만약 사람이 바깥세상을 인식하는 방식이 본래 이러하다면, 우주 방정식이 성립한다고 믿는 인도 사람들의 생각은 이치에 맞아보인다.

누구나 깨달을 수 있다

그런데 명상을 하면 반드시 진리를 깨닫게 될까? 그렇지 않다. 짧은 기간 잠시 명상한 정도로는 진리를 깨달을 수 없다. 명상은 정신을 집중하는 일이다. 자신을 이루는 정신 작용을 주의 깊게 점검하고 살피는 행위다. 이 작업을 그림 3-4 인과관계의 연쇄 네트워크 그림과 겹치면 그림 3-6과 같다.

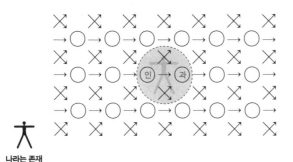

나라는 존재

그림 3-6

사람은 누구나 눈앞의 인과관계를 인식한다. 돌을 던지면 떨어진다거나, 씨앗을 심으면 싹이 튼다거나, 눈을 감으면 앞이 보이지 않는다거나 하는 것들 말이다. 하지만 눈앞에 없는 것은 알지 못한다. 앞으로 벌어질 일은 불분명하다. 지난 일은 아련하고 먼 곳의 일은 알 수가 없다. 사람이 알고 있는 건 단지 세상 전체에 퍼져 있는 인과관계의 극히 일부에 지나지 않는다. 그래서 명상을 한다. 명상을 하면 자신이 아는 범위에서 인과관계의 네트워크가 떠오르기 시작한다. 세상에 관한 일, 개인적인 일 모두 헤아릴 수 있다. 그러나 '나'라는 존재를 있게 하는 인과관계의 연쇄 작용에 관해서는 지극히 일부만 드러났을 뿐 나머지는 밝혀지지 않았다. 마치 어둠 속에서 물건을 찾기 위해 손으로 더듬는 것과 같다. 불교에서는 이를 무명(無

明)이라고 부른다.

명상에는 고수와 하수가 있다. 눈앞의 인과관계만 좇는
사람이 있는가 하면 먼 곳까지 내다보고 세상의 본모습을 한
층 밝힐 수 있는 사람이 있다. 세상이 분명해질수록 마음의 제
약에서 벗어나게 된다. 그렇다면 최고 경지까지 도달할 만큼
명상을 철저히 수행하면 세상을 이루는 인과관계 연쇄 작용
의 본질을 파악할 수 있을까? 인도 사람들은 '할 수 있다'고 생
각한다. 그것이 명상을 통해 진리를 깨닫는 일이다. 그들은 진
리를 깨우친 사람을 성자(聖者)라고 부른다.

우파니샤드의 철학

힌두교는 브라만교의 많은 성전(聖典)을 계승했다. 그중에서
《우파니샤드》라는 성전이 있다. 여기서 말하는 사상을 우파니
샤드 철학이라고 한다. 《우파니샤드》는 범아일여(梵我一如)를
주장한다. '범'은 브라만(Brahman), 즉 우주의 법칙을 말한다.
'아'는 아트만(ātman), 즉 진정한 자아를 가리킨다. 우주(매크로
코스모스)와 '나'라는 존재(마이크로코스모스)가 같다는 주장이다.
앞서 소개한 우주 방정식의 내용과 다르지 않다.

우주(세상)는 사람(나)보다 거대하다. 사람은 우주보다 작
다. 우주의 극히 일부분에 지나지 않는다. 수학 용어로 말하면

진부분집합(眞部分集合) 같은 존재다. 그런데 만약 거대한 우주가 사람 안으로 쑥 들어올 수 있다면 무한집합(無限集合)이 된다. 무한집합은 집합 요소의 개수가 무한개인 집합으로 개수가 아닌 농도로 이를 정의하며, 두 집합의 요소가 일대일로 대응되는지를 살핀다. 가령 자연수와 짝수의 관계를 생각하면 이해하기 쉽다. 짝수는 자연수의 진부분집합이다. 그래서 보통은 자연수가 짝수보다 많을 거라 생각하지만 무한대라는 가정하에 짝수와 자연수는 모두 일대일로 대응시킬 수 있다. 즉 짝수와 자연수는 농도가 같다(그림 3-7).

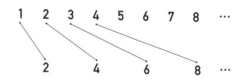

그림 3-7

이런 관점에서 보면 우주와 사람 사이에도 일대일 대응이 일어난다고 말할 수 있다. 매크로코스모스와 마이크로코스모스를 나타낸 그림 3-5는 이 같은 일대일 대응이 우주에서 사람 위로 맞닿아 있는 장면으로 다시 이해할 수 있다(그림 3-8).

그림 3-8

말로는 표현할 수 없는 것

진리를 깨달은 성자는 우주와 완전한 대응을 이룬다. 그래서 성자의 진리는 완전하다. 그런데 성자는 그 진리를 주변 사람들에게 확실히 증명할 수 있을까?

진리를 깨닫지 못한 채 생각이 어지러운 수행자 A가 있다고 하자. 그가 다른 수행자 B와 만났다. B의 모습에서 A는 그가 자신보다 높은 경지에 있음을 느꼈다. 이런 식으로 많은 수행자와 만나다 보면 누가 더 대단한지 순위를 매길 수 있을 테고, 그 와중에 누구나 인정하는 최고의 수행자를 발견할지도 모른다. 성자란 바로 최고 경지의 수행자다.

사람들이 성자에게 묻는다. "성자여, 진리를 깨달으면 어떤 기분이 드나요?" 그러자 성자가 대답한다. "아주 좋습니다. 하지만 말로 설명할 수는 없어요." 이것도 인도식 사유 중 하나다. 진리를 말로 표현할 수 있다면 성자의 말을 들으며 가르침을 받으면 된다. 아니면 진리를 써놓은 책을 읽고 배우면 된다. 그러나 언어로 표현할 수 없다면 진리를 깨닫는 데 말은 도움이 되지 않는다.

　　진리는 말로 표현할 수 없다. [23]

이것이 인도에서 발생한 종교와 일신교 사이의 큰 차이점이다. 또 이렇게도 말할 수 있다.

　　진리를 깨달았는지 아닌지는 깨달으면 알 수 있다. [24]

진리는 깨달아야 알 수 있다. 깨닫지 못한 사람은 자신이 깨닫지 못했음을 알고 있다. 따라서 이런 말이 가능하다.

　　누군가가 진리를 깨달았는지 아닌지는
　　타인이 판단할 수 없다. [25]

누가 진리를 깨달은 성자인지 증명하는 방법은 존재하지

않는다. 그래도 성자는 있다. 자이나교를 만든 마하비라(Mahāvīra), 불교의 석가모니 붓다(Buddha), 그 밖에 많은 성자가 있다. 누가 성자이고 아닌가는 증명의 문제가 아니라 신앙의 문제다. 붓다가 진리를 깨달았다고 믿으면 불교도가 되는 것이다.

살아 있다는 건 착각이다

다음으로 우파니샤드 철학이 말하는 범아일여와 죽음에 관해 생각해보자. 범아일여란 우주와 사람이 같다는 뜻이다. 이것이 진리의 핵심이다. 정말 그럴까? 우주는 생명체가 아닌 인과관계의 연쇄 네트워크인 반면 사람은 살아 있는 생명체다. 따라서 범아일여에는 사람이라는 생물이 우주라는 인과 네트워크와 다름없다는 주장이 담겨 있다. 이는 실로 무서운 말이다. 왜냐하면 사람은 생물이 아니라 단지 인과관계에 얽힌 존재에 지나지 않는다는 말이기 때문이다. 조금 이해하기 어려운 이야기일지도 모르겠다. 어쨌든 우파니샤드 철학은 사람이 생명을 지닌 존재라는 생각은 착각일 뿐이라고 말한다.

> 범아일여에 따르면 사람은 사람이 아니라
> 단지 인과관계에서 나온 존재다. •26

우주에는 엄연한 질서가 있다. 하지만 원자가 모여 이루어진 거친 물질과 온갖 전자기파가 난무하는 살벌한 공간이기도 하다. 사람의 진정한 모습이 이런 무시무시한 우주 공간과 같은 상태라는 말이 좀처럼 믿기지 않지만 사실이다. 이를 지금 우리가 알고 있는 과학에 근거해서 설명할 수도 있다. 과학이 말하는 인간은 이렇다. 사람의 몸은 원자로 구성돼 있으며 뇌는 신경세포의 네트워크로 이루어져 있다. 신경세포의 돌기 위로 전기자극이 오가는데, 이것이 정신 작용의 실제 모양이다. 그런 바탕 위에서 감각과 의식이 생겨나 정신 활동을 이룬다.

만약 성자가 명상을 통해 자신의 정신이 이루어지는 우주적 기반의 실체를 파고들었다고 가정해보자. 무엇을 보게 될까? 신경세포 하나하나의 떨림과 전율, 전자가 오가는 모습, 원자나 소립자의 역동성을 보게 되지 않을까? 고대 인도에 현대의 자연과학 지식이 있었을 리 없다. 따라서 원자나 소립자의 개념도 없었을 테니 그런 건 보이지 않았을지 모른다. 대신 고대 인도 우주론에 기반한 우주의 실상이 보였을 것이다. 사람의 정신은 그 바탕을 스스로 파고들다 보면 마침내 정신 바깥으로 나와 정신 아닌 것이 되어버린다. 이것이 명상의 중요한 부분이자 경이로움의 근원이다.

불교에서는 명상을 통해 나타나는 우주의 실상을 진여(眞如)라고 부른다. 진실과 비슷한 말이다. 진여는 경이롭고 말로 설명할 수 없다. 언어는 정신 속에서만 의미를 가질 뿐 바깥에서는 유효하지 않다.

깨달은 자의 태도

진리의 깨달음이 이와 같은 내용이라면 성자는 생사를 초월한 존재라고 말할 수 있다. 왜냐하면 사람은 원래 사람(생물)이 아니라는 사실을 알고 있기 때문이다.

> 진리를 깨달으면 사람은 사람이 아님을 알게 된다. •27

사실 사람은 생물이 아니라서 죽을 일이 없다. 태어난 적도 없다. 사람의 생사는 세상의 법칙에 따라 일어난다. 그 법칙을 체현하면 생사를 초월한다. 하지만 진짜 생물이 아니라고 해도 사람은 분명히 살아 있고 스스로 생물이라고 여긴다. 그래서 매 순간 살기 위해 바둥거리고 욕망에 사로잡힌다. 이를 불교에서는 번뇌(煩惱)라고 한다. 생물이 아닌데도 생물이라 믿으며 고달프게 살아가다니 얼마나 안타까운 일인가. 불교에서는 이렇게 번뇌에 빠진 사람을 자비(慈悲)로써 대하라고 가르친다. 자비는 진리를 깨달은 사람이 진리를 깨닫지 못한 사람을 대할 때의 태도다.

수행은 가치 있는 행위다

진리는 존재한다. 진리에 접근하는 일은 가능하다. 진리를 깨닫는 건 가치가 있다. 다만 진리는 말로 설명할 수 없다. 수행자 한 사람 한 사람이 스스로 수행에 힘써 진리에 도달하는 수밖에 없다. 각자 명상을 통해 진리에 접근해야 한다. 브라만교, 힌두교, 불교 모두 그렇다.

진리를 깨닫는 일이 가치 있다면 깨달음을 목표로 삼아 수행하는 일도 가치가 있다. 수행은 훈련이다. 명상법에 숙달해서 깨달음을 향해 나아간다. 비록 진리를 깨닫는 사람이 극소수에 불과하더라도 말이다. 진리를 깨닫지 못했지만 진리에 가치를 두고 수행에 전념하는 수행자가 많다. 인도 사회는 진리와 수행이 가치 있다고 생각해서 이들을 뒷받침한다.

브라만이 만든 서열

수행은 풀타임 활동이다. 명상은 틈틈이 하는 게 아니다. 생계를 유지하기 위한 활동, 즉 노동과 병행할 수 없다. 그래서 인도 사회는 두 종류의 사람들로 나뉜다. 수행에 전념하는 소수의 사람과 생계 활동을 위해 노동하는 다수의 사람이다. 인도 사회는 이 수행자 그룹을 세습 신분으로 만들어 고착화했다.

그것이 브라만교다.

브라만(사제)들은 산스크리트어로 기록된 성전을 해석하고 신을 모시는 제사를 주재하며 수행에 전념한다. 이를 통해 사회의 존경을 받는다. 그 아래에 보통의 직업에 종사하는 사람들이 있다. 인도 사회는 이들을 몇 가지 계급으로 분류해서 서열을 정했다. 크샤트리아(정치·군사 담당), 바이샤(비즈니스 담당), 수드라(서비스 담당)다. 이 네 가지 계급 체계를 바르나(varṇa, 種姓)라고 부른다. 그리고 이 바르나에도 속하지 못하는 낮은 계급의 사람들을 불가촉천민 또는 아웃 카스트라고 한다. 바르나는 다시 더 작은 직업 집단인 자띠(jāti)로 분류된다. 불가촉천민도 여러 직업 집단으로 나뉜다. 그리고 이들 사이에도 서열이 있다. 인도 사회를 이루고 있는 이러한 서열 전체가 카스트 제도다.

왜 이런 식으로 서열이 정해진 걸까? 그 배경에는 서열이 높을수록 깨끗하고 낮을수록 더럽고 부정하다는 억지 논리가 깔려 있다. 아마도 이 논리는 나중에 만들어진 듯하다. 세상에는 세속 직업에 종사하는 사람의 수가 브라만보다 훨씬 더 많은데, 그들이 단결하지 못하도록 브라만 계급이 카스트 제도를 확립해 사람들을 분열시키고 자신들을 서열의 정점에 올려놓았다.

사람은 무엇으로든 다시 태어난다

카스트 제도는 분업 시스템이라고 말할 수 있다. 분업은 상호 의존하기 때문에 분쟁이 일어나기 어렵다. 동물을 죽이지 못하도록 하는 불살생의 문화도 분쟁과 폭력을 피하게 하려는 의도다. 카스트 제도는 사람들에게 직업 공동체를 제공하고 사회 안정에 기여하지만 부당하고 공평하지 않다. 특히 사회의 위계질서가 불공평하다. 카스트 제도 상위에 있는 브라만과 크샤트리아는 괜찮다. 그러나 하층에 있는 카스트와 가장 밑바닥 계층인 불가촉천민은 살아갈 기력이나 있을지 의문이다. 사회의 위계질서가 불공평하면 사람들이 괴로워하고 사회가 병들고 만다.

카스트 제도를 뒤에서 지탱해주는 것이 윤회 사상이다. 윤회는 사람이 죽은 후에 다시 이 세상에 태어난다는 믿음이다. 좋은 행동을 많이 하면 상위 카스트로 다시 태어날 수 있다. 브라만으로 태어날지도 모른다. 반대로 악한 행동을 쌓으면 그 과보로 하층 카스트로 태어난다. 더 심한 악행을 저지르면 사람이 아닌 동물이나 벌레로 다시 태어날 수도 있다. 좋은 행동이란 브라만 수행자에게 보시를 베풀거나 카스트 제도가 정한 노동에 순응함으로써 상위 카스트 사람들에게 서비스하는 것을 뜻한다. 브라만을 초대해 신을 모시는 제사 의식을 치르는 것도 좋다. 말하자면 브라만 아래의 여러 카스트 계층 사람들은 브라만이 되어 진리에 접근하는 자격을 얻기 위해 줄 서 있는 긴 행렬과도 같다.

모든 생물이 죽은 후에 다시 태어나는 생명 순환 과정에 있다는 윤회 사상은 상당히 과학적인 사고방식이다. 윤회는 사람 마음대로 선택할 수 없다. 어디까지나 윤회의 법칙에 따른다. 이 법칙 앞에서 모든 카스트 계층이 평등하다. 다만 어디에도 사람이 윤회한다는 증거는 없다. 사람은 전생을 기억하지 못한다. 다른 생물로 태어난다지만 사실 무엇이 윤회하는 주체인지도 애매하다. 그래서 윤회는 한낱 공상에 불과하며 사람들을 현 상태로 붙들어 놓는 이데올로기처럼 보이기도 한다. 그런데도 인도 사람들은 윤회를 믿는다. 증거가 없어도 믿는 이유는 다들 그렇게 믿기 때문이다. 모두가 믿으면 의심하지 않게 된다. 인도에서는 윤회가 세상을 지배하는 법칙(진리)의 일부분이다.

윤회가 있다면 사람은 죽은 후에 바로 다른 사람이나 동물로 다시 태어난다. [28]

윤회를 통해 다른 사람이나 동물로 다시 태어난다. 무엇으로 다시 태어날지는 올바른 인과법칙에 근거한다.

윤회가 있다면 낮은 카스트로 태어난 것은
전생의 과보다.[29]
윤회가 있다면 높은 카스트로 태어난 것은
전생의 과보다. [30]

다음 생에 지금보다 더 높은 카스트로 태어나고 싶다면 이번
생에 좋은 행동을 많이 쌓아 높은 카스트로 다시 태어날 수 있
는 원인을 만드는 방법밖에 없다. 인도 사람들은 이처럼 윤회
의 관념에 속박되어 있다.

죽음에 관한 두 가지 다른 생각

윤회가 이와 같다면, 힌두교에는 죽음에 관한 두 가지 다른 생
각이 섞여 있음을 알 수 있다. 하나는, 애초에 사람은 생물이
아니며 사람 같은 건 존재하지 않는다는 생각이다. 존재하지
않는 사람이 윤회할 리 없다. '진리를 깨달으면 사람은 사람이
아님을 알게 된다'는 27번 명제와 같은 이야기다. 다른 하나
는, 사람이 죽으면 다른 사람이나 생물로 다시 태어난다는 윤
회의 사고방식이다. 인도 사람들은 윤회를 전제로 일상을 살
아간다. 진리를 깨닫는 일은 잠시 제쳐두고 더 좋은 상태로 다
시 태어나는 일을 우선한다. 윤회는 우주 법칙의 일부이므로

이 또한 진리에 부합하는 삶으로 볼 수 있다.

　이처럼 죽음에 대한 인도 사람들의 태도는 양면적이어서 윤회에 관해서도 의견이 나뉘는 경우가 있다. 예를 들어 성자의 경우가 그렇다. 성자는 진리를 깨달아 모든 제약에서 벗어났다. 그런 성자가 죽음을 맞이할 때, 과연 윤회할 것인가? 그렇다고 생각하는 이들이 있다. 그들은 브라만이 천인(天人)으로 다시 태어날 수 있다고 말한다. 천인은 사람이 아닌 생명체로 사람보다 순위가 높다. 신선(神仙) 같은 존재로 생각하면 이해하기 쉽다. 브라만은 현실에서 가장 높은 순위의 계급이므로 이들이 좋은 행동을 쌓아 다시 태어난다면 사람 이상의 존재가 되어야 한다. 윤회의 논리에 따르면 그렇게 생각할 수밖에 없다. 반대로 윤회하지 않는다는 생각도 있다. 성자는 인간의 모든 속박과 제약을 벗어나 생사를 초월했으니, 이제 다시는 무엇으로도 태어나지 않는다는 것이다. 윤회라는 굴레에서 해탈(解脫)했기 때문이다.

　붓다는 죽으면 어떻게 될까? 이미 윤회에서 해탈했기 때문에 흔적도 없이 사라진다. 이를 불교에서는 회신멸지(灰身滅智)라고 한다. 몸은 재가 되어 사라지고 지혜도 소멸한 상태를 말한다. 모든 집착과 굴레에서 벗어났다는 뜻이다. 그렇다면 진리를 깨달은 석가모니 붓다는 깨달은 그 순간 사라질 수도 있었다. 그런데 그러지 않았다. 일종의 서비스 차원이랄까,

자비심으로 똘똘 뭉친 석가모니 붓다는 인간의 모습으로 남아 수행자들과 함께 지내며 사람들에게 가르침을 전했다. 어쨌든 붓다는 더 이상 윤회하지 않는다. 아마도 다른 성자 역시 윤회하지 않을 것이다. 즉 사람은 윤회하지 않을 수 있다.

정리하면, 힌두교에는 '윤회한다'와 '윤회하지 않는다'라는 두 가지 생각이 공존한다. 원래는 세상에 진리가 있고, 진리를 깨달을 수 있다는 게 기본 아이디어였다. 그런데 '누가 어떻게 진리에 접근할 수 있을까'라는 문제를 둘러싸고 사람들 사이에 서열이 생겨났다. 그 서열은 살아가는 동안 변하지 않지만 죽으면 다시 태어나서 리셋된다. 이러한 윤회의 개념이 기본 아이디어에 추가되었고, 깨달음과 윤회의 과정에서 수많은 신이 등장해 저마다의 역할을 하고 있다. 이것이 힌두교다. 시간이 흐르면서 힌두교 사상은 의도치 않게 다양한 일탈을 낳았다. 불교도 그중 하나다. 자이나교나 시크교 등도 마찬가지다. 먼저 이점을 잘 이해하고, 다음으로 죽음을 둘러싼 불교의 사고방식을 살펴보자.

반항아 고타마 싯다르타

고타마(Gotama)는 석가모니 붓다의 본명이다. 그는 깨닫고 나서 '붓다'라는 이름을 얻었는데, 이는 산스크리트어로 '깨달은

자'라는 뜻이다. 고타마는 2,500여 년 전 실존했던 인물이다. 그때도 인도에 카스트 제도가 있어서 고타마 역시 그것으로부터 자유롭지 못했다. 그는 샤키야(sākya)족 왕자로 태어났다. 당연히 아버지는 왕이다. 왕은 정치와 군사를 담당하므로 카스트 계급으로 따지면 크샤트리아가 된다.

크샤트리아는 종교 활동을 할 수 없다. 종교 활동은 브라만이 독점하고 있었기 때문이다. 그런데 고타마는 종교 활동을 하고 싶었다. 진리를 체득하고 싶었기 때문이다. 힌두교는 그런 고타마에게 크샤트리아로서 일생을 보내고 다음 생에 브라만으로 태어나 수행하라고 가르쳤다. 다음 생까지 기다리라는 말은 이번 생을 포기하라는 말이다. 힌두교에서는 다들 현세에서 이상을 추구하는 삶을 포기하고 살아가지만 고타마는 포기하고 싶지 않았다. 어떻게 해서든 지금 수행하고 싶었다. 그래서 집을 뛰쳐나왔다. 지위와 재산을 내던지고, 아내와 자식마저 버리고 그저 한 사람의 수행자가 되었다. 말이 수행이지 노숙자와 다름없는 신세였다. 그는 여러 스승을 찾아 돌아다니며 수행에 매진했다. 그리고 단식과 명상에 집중하며 자신만의 독자적인 수행법을 완성한 뒤 마침내 진리를 깨달았다. 이후 승가(僧伽, 수행자 집단)를 조직해 여든 살에 세상을 떠날 때까지 제자들을 가르쳤다.

크샤트리아인 고타마가 종교 활동을 해도 괜찮았을까?

두말할 것 없이 브라만을 비롯한 힌두교 보수파 사람들이 심하게 반발했다. 그들은 고타마가 진리를 깨달았다는 사실을 인정하지 않았다. 하지만 고타마를 지지하는 사람도 있었다. 그들은 카스트에 상관없이 수행하고 깨달아도 괜찮다고 생각하는 부류였다. 고타마는 진리를 깨닫기 위해 굳이 다음 생까지 기다릴 필요가 없음을 증명했다. 그동안 카스트 제도의 속박 탓에 기회를 포기한 채 살아가던 많은 사람이 고타마에게 몰려들었다. 이런 고타마는 힌두교 입장에서 볼 때 순응하지 않는 반역자이자 사상범이다. 만약 그가 윤회를 믿었다면 아무 불만 없이 왕위를 계승하고 수행자의 삶은 다음 생으로 미뤘을 것이다. 살아 있는 동안 부지런히 수행하기로 마음먹은 고타마가 윤회를 믿었을 리 없다.

붓다는 사람일까 신일까

고타마는 35세에 진리를 깨달았다. 하지만 겉모습은 보통 사람과 다르지 않았다. 그리고 나이가 들어 죽었다. 붓다(깨달은자)가 되면 생사를 초월한다고 했는데, 어째서 그는 보통 사람들처럼 늙어 죽은 걸까? 불교에서는 사람을 두 종류로 나눈다. 깨닫지 못한 사람과 깨달은 사람이다. 깨닫지 못한 사람은 범부(凡夫)라고 부르고 깨달은 사람은 붓다라고 부른다. 깨닫지 못한 범부도 깨달은 붓다도 수명이 다하면 죽는다. 사라져 윤회하지 않는다. 정신 활동조차 물질의 작용으로 보는 유물론의 입장과 흡사하다.

그렇다면 붓다는 사람인가? 답은 "그렇다"이다. 붓다가 사람이 아니라면 진리를 깨닫는 일은 애초에 불가능하다. 동물은 지능이 부족해서 깨달을 수 없다. 신과 천인은 축복받은 존재여서 괴로움이 없다. 괴로움이 없으면 진리를 깨달으려 하지 않는다. 따라서 붓다는 사람이다. 진리를 깨달았다고 해서 사람이 아닌 다른 존재가 되는 것은 아니다. 고타마를 보면 그 사실을 알 수 있다. 고타마는 보통 사람으로 일생을 보냈다. 훗날 고타마가 죽은 후에 제자들이 그를 신격화하고 초월적 존재로 추켜세웠다. 스승이 특별해야 자신들도 특별해지기 때문이다. 이는 고타마와 관련 없는 일이다.

고타마에 관한 과장된 이야기 중 하나가 자타카(Jātaka)다. 자타카는 붓다의 전생 이야기를 담은 책이다. 자타카에 따르면 고타마는 보통 사람보다 훨씬 높은 수준의 깨달음을 얻었다고 한다. 어떤 과정을 거쳐서 그런 깨달음을 얻게 되었을까? 전생에 수많은 윤회를 반복하며 수행을 쌓았다는 것이다. 멧돼지였을 때는 목수를 도왔고, 토끼였을 때는 굶주린 호랑이 배를 채워주려고 일부러 잡아먹혔다. 그렇게 착한 일과 수행을 거듭한 끝에 마침내 사람으로 태어났다는 내용으로 이야기는 마무리된다. 그야말로 인도 사람들을 위한, 인도스러운 이야기가 아닐 수 없다.

이윽고 불교는 "고타마는 윤회하면서 수행을 쌓았다"는 내용을 더했다. 이를 역겁성불(歷劫成佛)이라고 한다. 붓다가 될 때까지 그토록 오랜 시간이 걸린다면 다른 수행자가 고타마처럼 수행하더라도 쉽게 따라잡지 못할 것이다. 즉 고타마는 다른 사람들과 달리 특별하고 각별한 존재라는 게 자타카의 핵심이다. 이러한 내용은 최초의 불교와 많은 부분이 다르다. 원래 고타마와 다른 사람들은 평등했다. 하지만 시간이 흐르면서 그에 관한 이야기가 각색되고 달라졌다. 인도에서 널리 퍼진 소승불교와 대승불교는 물론 중국, 한국, 일본에 전해진 불교 역시 이러한 사고방식이 밑바탕에 깔려 있음을 반드시 알아둬야 한다.

세상의 존경을 받는 분

지금까지 브라만교, 힌두교 등 인도의 종교를 살펴보았다. 이제부터는 특히 불교에 주목해서 인간의 삶과 죽음에 관한 문제를 다뤄보기로 한다.

불교에서 불(佛)은 석가모니 붓다를 지칭한다. 한자문화권에서는 석존(釋尊)이라고도 부르는데, 석가모니세존(釋迦

牟尼世尊)을 줄인 말이다. 석가모니는 샤키야족의 성자(聖者, muni)라는 뜻이고, 세존은 '세상의 존경을 받는 분'을 말한다. 불교가 막 탄생한 초기에는 누구라도 붓다가 될 수 있다는 가르침이 큰 흐름을 이루었다. 그런데 점점 시간이 지날수록 석가모니 붓다만이 깨달을 수 있었다는 식으로 바뀌었다. 그러다 나중에 석가모니 붓다 외에 깨달음을 얻은 다양한 붓다가 등장했다.

다양한 붓다가 등장하면서 최초로 고안된 내용이 과거불(過去佛)이다. 아주 먼 옛날에 이 세상에 나타난 붓다가 있었다. 과거칠불(過去七佛)이라고 해서 일곱 명의 붓다를 말한다. 그중 가장 유명한 붓다가 연등불(燃燈佛)이다. 고타마는 먼 과거 세상에서 연등불과 만났다. 아직 깨달음을 얻기 전이었던 그는 연등불로부터 훗날 붓다가 되리라는 예언을 들었다. 이처럼 붓다가 되리라는 예언을 받는 것을 수기(授記)라고 한다. 붓다는 모든 것을 아는 일체지(一切知)이며, 미래를 볼 수 있어서 예언도 가능하다. 연등불이라는 말에는 고타마가 수행의 길을 잘 나아갈 수 있도록 계속해서 빛을 비춘다는 의미가 담겨 있다. 과거불은 모두 과거에 있던 붓다다. 현시점에서 붓다는 석가모니뿐이다. 불교에는 이러한 사고방식이 있다.

신의 수만큼 많은 붓다

과거불은 이제 없어서 현재 사람들이 가르침을 받거나 모실 수 없다. 그래서 생각해낸 것이 현재 존재하는 붓다다. 그리고 붓다에게는 교화 범위가 있으며, 그 범위 안에는 다른 붓다가 있을 수 없다는 생각이 등장했다. 이 원칙을 '하나의 세상 한 명의 붓다', 즉 일세계일불(一世界一佛)이라고 한다. 석가모니의 깨달음을 유일무이하다고 생각한 소승불교가 이런 원칙을 세웠고 대승불교가 이를 계승했다.

하지만 대승불교는 여러 붓다를 인정한다. 현재의 붓다는 석가모니 한 명이라는 원칙을 지키면서 다른 붓다도 인정하려면 어떻게 해야 할까? 여러 개의 세상이 병행해서 존재한다고 보면 된다. 그 병행세계 중 하나가 서방정토(西方淨土) 또는 극락정토(極樂淨土)라고 부르는 세상이다. 거기에는 아미타불(阿彌陀佛)이 머물고 있다. 동방에는 정유리세계(淨琉璃世界)라고 불리는 세상이 있으며, 그곳에는 약사여래(藥師如來)가 있다. 이런 식으로 동서남북 사방팔방에 수많은 붓다가 존재한다. 이를 시방세계일불다불론(十方世界一佛多佛論)이라고 한다. 대승불교는 이렇게 생각한다.

불교란 원래 석가모니를 깨달은 존재로서 숭배하는 종교였다. 그런데 석가모니가 죽은 뒤 곳곳에 수많은 신을 보유한

라이벌 힌두교에 대항하기 위해 불교 역시 여기저기에 붓다가 존재하는 것으로 정했다. 여러 곳에 붓다가 있으면 숭배의 대상이 분산된다. 대승불교는 조금씩 힌두교를 닮아가게 되었다.

영원히 죽지 않는 붓다

붓다가 된 사람도 죽을까? 죽는다. 석가모니 붓다가 그랬다. 다만 붓다가 빨리 죽는다고는 할 수 없다. 아주 오랫동안 사는 붓다가 있기 때문이다. 예를 들어 아미타불이 그렇다. 그런데 아미타불 등 다른 붓다의 인기가 높아지자 이에 맞춰 석가모니 붓다를 격상하려는 움직임이 나타났다. 이른바 구원실성불(久遠實成佛)이다. 영원히 사는 붓다를 뜻한다. 이러한 내용이 담긴 경전이 《법화경(法華經)》이다. 《법화경》은 석가모니 붓다가 사람으로 태어나 사람으로 죽었지만, 그것은 중생(衆生)에게 가르침을 주기 위한 임시방편의 모습일 뿐이라고 말한다. 사실 석가모니 붓다는 영원에 가까운 먼 옛날에 이미 깨달음을 얻어 붓다가 되었으며, 죽어서 사라진 게 아니라 지금도 인도에 있는 영취산(靈鷲山) 위에 머물고 있다는 것이다.

석가모니 붓다는 죽었지만 죽지 않았다. '영원한 붓다 → 사람의 몸을 지닌 붓다 → 영원한 붓다'의 형태로 상주한다. 마치 '영원한 신(God) → 신의 아들 예수 그리스도 → 영원한 신'의 형태와 비슷하다. 영원한 붓다가 구체적인 사람의 모습으로 나타나는 것을 수적(垂迹)이라고 한다. 예수의 탄생과 비슷하다. 예수는 죽은 후 부활했다. 고타마 역시 죽음을 통해 모습을 감추었다가 영원한 붓다로 복귀했다고 생각할 수 있다. 《법화경》은 다른 많은 붓다의 등장으로 묻혀버린 석가모니 붓다를 다시 신앙의 중심으로 삼아 불교의 원점으로 돌아가자고 호소하는 경전이다.

진리의 상징 비로자나불

또 다른 대승불교 경전 《화엄경(華嚴經)》은 여러 붓다를 종합하는 내용을 담고 있다. 여기에 우주 크기의 신체를 지닌 비로자나불(毘盧遮那佛)이 등장한다.

진리를 깨달은 붓다는 마이크로코스모스(소우주)와 매크로코스모스(대우주)가 일치한다는 우주 방정식을 충족시킨다. 우주는 인과 연쇄의 네트워크로 이루어져 있다. 이것이 법(法), 다른 말로 다르마(Dharma)다. 붓다는 법과 일치한다. 이러한 몸과 법의 일치를 법신(法身)이라고 부른다. 말하자면 비로자나불은 우주 그 자체가 몸인 법신이다. 그래서 거대하다.

《화엄경》에 따르면 다양한 붓다는 모두 법신이 각각의 구체적인 형태로 모습을 드러낸 것이다. 실체는 비로자나불이다. 이를 하나가 곧 다수, 즉 일즉다(一卽多)라는 말로 표현한다. 대승불교의 다양한 붓다는 이런 형태로 통일된다. 이런 '일즉다'의 논리는 힌두교와 친숙한 논리이기도 하다.

우주를 형상화한 만다라

이처럼 불교는 시대를 거쳐 발전하면서 다양한 붓다와 많은 경전을 만들어냈다. 각각의 붓다가 저마다의 가르침을 바탕으로 제각기 신앙의 대상이 되어 추앙받았다. 그 모든 붓다는 석가모니 붓다를 원점으로 삼는다.

여러 붓다와 대보살(大菩薩, 붓다가 되기 직전의 경지)이 각각의 장소에서 구원 활동을 지속하고 있다. 그들이 각 장소에 배치되어 이루어진 세계가 바로 이 우주다. 이러한 우주의 모습을 그림으로 표현한 작품이 만다라(曼茶羅)다. 만다라는 우주의 진리를 눈에 보이는 형태로 나타낸 것이다.

한편 여러 붓다 가운데 한 명을 선택하고, 정신집중을 통해 그 붓다와 하나가 되려는 수행법을 염불(念佛)이라고 한다. 염불은 원래 붓다의 구체적인 모습을 또렷이 시각화해 마음에 담는 신앙 활동이었다. 그런데 일본의 승려 호넨(法然, 1133~1212)이 붓다의 이름을 소리 내어 부르는 수행법으로 바꾸었다. 이를 칭명염불(稱名念佛)이라고 한다.

붓다는 신보다 위대하다

불교 경전에는 인도의 신이 등장한다. 그것도 여러 장면에서 나온다. 가장 유명한 신이 범천(梵天, 브라만)이다. 범천은 원래 힌두교의 신이었으나 석가모니 붓다가 깨달음을 얻자 그의 앞에 나타나 정중히 가르침을 청한다. 이 외에도 다양한 신이 'ㅇㅇ천'이라는 이름으로 여러 불교 경전에 등장한다. 중국 사람들은 인도의 '신(神)'을 그보다 급이 더 높은 '천(天)'으로 번역했다.

불교 경전에 나오는 인도의 신은 주로 붓다를 보조하는 역할을 맡는다. 사천왕(四天王), 십이신장(十二神將)을 비롯해 붓다를 호위하는 여러 수호신이 있다. 당연히 붓다의 지위가 신들보다 높다. 불교 경전에 인도의 신이 등장하는 이유는 그들이 붓다보다 지위가 낮음을 인도 사람들에게 각인시키기 위해서라는 점을 잊어서는 안 된다. 불교에서 신은 숭배의 대상이 아니다. 신을 모신다면 불교라고 할 수 없다.

초기불교가 말하는 죽음

지금까지 살펴본 내용을 바탕으로 불교가 말하는 죽음을 알아보자. 불교 사상은 시간이 흐를수록 교리가 세분화되고 확장

되었다. 석가모니 붓다가 살던 때 초기불교는 다음과 같았다.

a 고타마는 진리를 깨달아 붓다가 되었다.

b 고타마는 윤회 같은 건 없다고 생각했다.

c 제자들은 윤회를 기다리지 않고 살아 있을 때
진리를 깨닫기 위해 수행했다.

d 고타마는 죽은 후 존재하지 않게 되었다.

e 제자들은 깨닫든 깨닫지 못하든 죽어서
존재하지 않게 된다. [31]

초기불교는 힌두교의 윤회 사상을 부정했다. 윤회를 부정하면 유물론에 가까워진다. 불교는 영혼 같은 건 없다고 생각한다. 영혼이란 몸이 없어도 존재할 수 있는 인간의 정신 활동이나 그와 비슷한 무언가다. 몸이 사라지고 영혼마저 없다면 사람은 죽은 후에 완전히 소멸하게 된다.

소승불교가 말하는 죽음

석가모니 붓다가 죽은 지 얼마 지나지 않아 불교 교단은 분열되어 몇 개의 그룹으로 나뉘었다. 이 시기를 부파불교(部派佛教) 시대라고 부른다. 다른 말로 소승불교(小乘佛教)라고도 한다. 이때부터 석가모니 붓다는 일반인과 비교할 수 없는 높은 경지의 깨달음을 얻은 인물이며, 그러한 경지에 도달한 것은 수없이 윤회를 반복하며 수행해왔기 때문이라고 여겨졌다. 제자들은 아직 그 수준에 이르지 못했기에 앞으로도 윤회를 거듭하며 수행을 이어나가야 했다. 이를 정리하면 다음과 같다.

a 고타마는 진리를 깨달아 붓다가 되었다.

b 고타마는 아득히 먼 과거부터 윤회를 거듭하면서
  수행해왔다.

c 제자들은 살아 있을 때 수행해도 붓다가 되지 못한다.

d 고타마는 죽은 후 윤회에서 벗어나 존재하지 않게 되었다.

e 제자들은 죽은 후에도 윤회를 반복하며
  수행을 이어간다. [32]

요컨대 붓다를 제외한 모든 사람은 죽은 후에 윤회한다는 것이다. 이러한 사고방식은 훗날 중국과 한국, 일본으로 전해진다.

대승불교의 보살과 공

대승불교는 '보살(菩薩, Bodhisattva)'을 불교 수행자의 본보기로 여긴다. 보살은 재가 수행자, 즉 출가하지 않은 일반 불교도를 가리킨다. 소승불교의 출가 수행자와 달리 대승불교 수행자는 자신을 보살이라고 칭했다. 그래서 대승불교 경전에는 보살이 주역으로 등장한다. 소승불교는 수행자가 열심히 수행해도 붓다가 될 수 없으며 그보다 한 단계 낮은 아라한(阿羅漢)의 경지까지만 도달할 수 있다고 말했다. 그러나 대승불교는 보살이 붓다가 될 수 있다고 말한다.

대승불교의 중심 사상은 '공(空)'이다. 공은 간단히 이해하기 어렵다. 《반야심경(般若心經)》은 공 사상을 짧게 요약한 대승불교 경전으로 '색즉시공 공즉시색(色卽是空 空卽是色)'이라는 구절이 유명하다. 요약하면 세상의 모든 현상에는 실체가 없다는 말이다. 여기서 '모든 현상'은 색(色)이고, '실체 없음'은 공(空)을 뜻한다. '색즉시공 공즉시색' 뒤에는 현상뿐만 아니라 감정, 생각, 인식 같은 사람의 여러 가지 정신 활동도 역시 실체 없는 '공'이라는 내용이 이어진다. 여기에 더해 어리석음, 어리석음의 소멸, 늙어 죽는 것, 늙어 죽는 것의 소멸도 없다고 한다. 더불어 석가모니 붓다의 가르침을 잘못 이해한 소승불교를 비판하는 내용도 담겨 있다. 반야는 '궁극의 지혜'를 뜻하는 말로 그 지혜란 공에 대한 바른 이해를 가리킨다.

갑자기 안개에 휩싸인 듯 눈앞이 캄캄한 느낌이 들지만 풀어서 말하면 다음과 같다. 깨달음에 도달하기 위해 소승불교 수행자들은 감정, 생각, 인식 등 인간의 정신 메커니즘 속에 있는 번뇌를 순서대로 제거하는 방법론을 고안해냈다. 한마디로 제거해야 할 번뇌에 번호표를 붙이고 순서대로 하나씩 없애는 식이다. 하지만 이 방법은 효과가 없었다. 어리석음도 제거되지 않았고 깨달음에도 이르지 못했다. 그 사실을 꿰뚫어 본 대승불교는 궁극의 지혜를 갖추면 소승불교의 잘못된 점을 알게 되고 진정한 깨달음에 이를 수 있다고 주장한다.

대승불교가 말하는 죽음

'공'을 알기 쉽게 풀이한 글이 인도의 승려 나가르주나(Nagarjuna, 150?~250?)의 《중론(中論)》이다. 불교학자 나카무라 하지메(中村元, 1912~1999)의 해설에 따르면 공은 이중어법(二重語法)이라는 독특한 대화방식으로 연결되어 있다. 이를 소승불교가 주장하는 깨달음 방식에 적용하면 다음과 같다.

1. 깨달음은 있는 것이 아니다.

   (소승불교의 깨달음은 깨달음이 아니다)

2. 깨달음은 없는 것도 아니다(고타마는 분명히 깨달았다).

3. 깨달음은 있으면서 동시에 없는 것도 아니다.

   (소승과 대승이 모두 옳은 것은 아니다)

4. 깨달음은 있는 것도 아니고 없는 것도 아니다.

(소승과 대승이 모두 틀린 것도 아니다)

머리가 어질어질하다. 쉽게 말해 대승불교는 소승불교를 반대하지만 소승불교의 발전형이기 때문에 소승불교를 부정하고 떠날 수 없다. 이렇게 두 가지 뜻으로 해석할 수 있는 태도가 이중어법의 형식이다. 이를 가지고 대승불교의 사고방식을 정리하면 다음과 같다.

a 고타마는 진리를 깨달아 붓다가 되었다.

b 고타마는 먼 과거로부터 윤회를 거듭하며 수행해왔다.

c 소승불교의 출가자들은 붓다가 될 수 없다.

d 고타마는 죽은 후 윤회를 멈추고 존재하지 않게 되었다.

e 고타마 이외에도 붓다는 과거·현재·미래에 많이 존재한다.

f 보살들은 죽은 후에도 윤회를 거듭하며
  수행한 끝에 마침내 붓다가 된다. [33]

대승불교는 죽음을 어떻게 생각할까? 윤회를 거듭하면서 수행할 수 있다는 게 대승불교의 입장이다. 이를 바탕으로 대승불교는 사람을 몇 가지 단계로 구분한다.

A 붓다를 모르고 깨달으려는 의지도 없이

윤회를 반복한다.

B 깨달을 각오로 계속해서 수행하며 윤회를 반복한다.

C 마침내 깨달아 붓다가 되어 불국토에 머물며

중생을 구한다.

죽으면 다시 세상에 태어나는 윤회. 여기에는 죽은 자를 위한 저승도 없고 죽은 자의 영혼도 없다. 합리적이고 현실주의적인 태도다. 오직 이 세상밖에 존재하지 않는다. 요컨대 A~C의 핵심은 붓다가 되든 안 되든 사람은 죽는다는 것이다.

깨달음으로 가는 지름길

이상이 대승불교의 사고방식이다. 그런데 변종이 태어났다. 정토교(淨土敎)의 극락왕생(極樂往生)이라는 사고방식이 대표적이다. 죽음을 바라보는 또 다른 시각이다.

붓다는 이 세상 밖 여기저기(정토)에 존재한다. 아미타불도 그중 한 명이다. 아미타불은 서방세계에 극락정토라는 불국토를 세웠다. 또한 그는 붓다가 되기 전 법장보살(法藏菩薩)이었는데, 붓다가 되리라 염원하며 열심히 수행했다. 그리고 붓다가 되면 불국토를 세워서 세상의 모든 중생을 초대하리라 맹세했다. 마침내 붓다가 된 그는 맹세한 대로 불국토를 세웠다. 이로써 누구라도 정토세계로 왕생할 기회가 생겼다. 이러한 내용을 담은 경전이 《아미타경(阿彌陀經)》이다.

왕생이란, 원래는 이 세상에 다시 태어나야 하지만 순간 이동해서 극락정토에 태어나는 것을 말한다. 왕생은 윤회의 예외다. 왕생하기 위해서는 나름의 조건이 이루어져야 한다. 아미타불이 잡아당겨 주는 힘과 중생이 스스로 정토에 들어갈 힘이 필요하다. 이른바 타력(他力)과 자력(自力)이다. 이를 정리하면 다음과 같다.

a 고타마는 극락정토에 아미타불이 있다고 가르쳤다.

b 사람이 죽으면 윤회하는 대신 극락왕생할 수 있다.

c 극락왕생하면 붓다가 되기 바로 직전 단계까지
  수행의 수준이 올라간다.

d 극락에서 죽으면 다음에 다시 극락에서 태어난 후
  진리를 깨달을 수 있다.

e 진리를 깨달으면 붓다가 되어서 불국토를 세울 수 있다. [34]

극락왕생은 붓다가 되고 싶은 사람들을 위한 지름길이다. 지름길이 매력적인 이유는 대승불교에서 말하는 역겁성불의 믿음 때문이다. 붓다가 되려면 아주 오랜 시간을 수행해야 하는데 거기에 지름길이 있다는 건 큰 의미가 있다.

그렇다면 정토교를 믿는 사람에게 죽음은 어떤 의미일까? 그들은 극락정토에 왕생하는 것을 가장 우선시한다. 왕생의 시기는 제각각이지만 목적지는 하나다. 이 세상에 윤회하는 경우에는 다시 태어나는 카스트와 직업이 제각각이어서 수평적인 연대감을 가질 수 없다. 하지만 극락왕생을 바라는 사람들끼리는 계급과 상관없이 연대감을 만들 수 있다. '죽으면 어떻게 될지 알고 싶다면 줄을 서시오!' 이런 식으로 사람이 모이기 쉽게 하는 불교 종파가 정토교다. 극락정토는 일신교 같은 효과를 지닌다. 죽음에 대한 생각이 명쾌하다. 아주 독특한 성격을 가진 보기 드문 불교 종파라고 할 수 있다.

나는 이미 붓다다

밀교는 대승불교 후기에 형성된 종파다. 인도에서 중국과 일본으로 전해졌다. 밀교의 기본 경전은 《대일경(大日經)》, 《금강정경(金剛頂經)》, 《이취경(理趣經)》 등이다. 밀교는 불교에 속하지만 불교를 뛰어넘어 거의 힌두교에 가깝다.

밀교는 비밀스러운 방식으로 역겁성불 수행의 오랜 시간을 피해 가려 한다. 대승불교의 수행법은 깨달을 때까지 너무나도 긴 시간이 걸린다. 일례로 석가모니 붓다 다음에 깨달을 존재로 예언된 미륵보살(彌勒菩薩)은 56억7천만 년 후에 등장한다고 한다. 평범한 수행자가 깨닫는 건 무리라는 소리 같다.

밀교는 만다라를 응시하며 명상하거나 공물(供物)을 태워 피어오르는 불꽃을 바라보며 한계에 이를 때까지 수행한다. 그러다 일순간 깨달음의 파편을 체험한다. 마치 영화의 예고편을 본 것과 같다. 그러면 용기가 생겨서 더욱 수행에 몰두하게 된다. 말하자면 체험을 통해 수행과 깨달음의 관계가 반전되는 셈이다. 일반적으로 불교에서는 수행하기 때문에 진리를 깨달을 수 있다고 말한다. 수행이 원인이고 깨달음은 결과다.

수행(원인) ⇨ **깨달음(결과)**

이 관계를 반전시켜서 이렇게 생각한다. 왜 그토록 오랜 시간을 들여서 수행해야 하는가. 그 이유는 수행자가 곧 '붓다'이기 때문이다. 붓다이므로 오랜 시간 계속해서 수행할 수 있다. 단지 스스로 붓다임을 알아채지 못하고 있을 뿐이다.

깨달음(=붓다)(원인) ⇨ **수행(결과)**

이 생각에 따르면 수행자는 이미 붓다다. 그래서 사실 수행하지 않아도 된다. 그런데 왜 수행하는 걸까? 자신이 붓다임을 확신하기 위해서다. 밀교에서는 누군가가 수행할 수 있다면 그것이 곧 그가 붓다라는 증거라고 말한다. 자신이 곧 붓다임을 알아차리는 것이 밀교의 '비밀'이다. 밀교는 죽음을 다음과 같이 생각한다.

a 대승불교 수행자들은 깨달음을 목표로 수행을 계속한다.
b 수행을 계속할 수 있는 건 수행자들이 붓다이기 때문이다.
c 붓다이기 때문에 이미 생사를 초월해 있다. [35]

수행자는 이미 붓다다. 그렇다면 죽음은 무엇일까? 붓다는 생사를 초월한 존재다. 붓다는 입멸(入滅: 죽음)한 상태여도 괜찮고 원하는 만큼 살아도 괜찮다. 어느 쪽이든 똑같은 상태라고 할 수 있다. 그리고 원한다면 불국토를 세울 수도 있다. 한마디로 죽음은 두려움의 대상이 아니다. 그래서 밀교를 믿는 사람은 죽음을 두려워하지 않는다. 왜냐하면 자신은 이미 붓다이기 때문이다. 윤회도 왕생도 하지 않는다. 그저 사람으로 살 수 있을 만큼 살면 된다.

좌선하면 붓다가 된다

인도에서 중국으로 다양한 불교 경전이 전해졌다. 어느 경전을 기초로 삼느냐에 따라 여러 종파가 생겨났다. 그런데 중국에서 탄생한 대승불교 종파 중 하나인 선종(禪宗)은 경전이 아니라 좌선(坐禪)을 근본으로 삼았다. 좌선은 요가(yoga)에 기초한다. 요가는 인도의 전통 수행법으로 불교뿐만 아니라 힌두교와 그 밖의 인도 태생 종교에서 두루 행해지고 있다.

좌선은 고타마의 수행법으로 인도 승려 보리달마(菩提達磨)에 의해 중국에 전해졌다. 좌선은 깨달아 부처가 되기 위한 필요충분조건이다. 그런데 선종은 좌선을 새롭게 정의한다. 좌선은 진리를 깨달아 붓다가 되기 위한 수행이 아니며 좌선에 임할 때 수행자는 이미 붓다다. 따라서 당연히 좌선이 경전보다 중요하다는 것이다.

또한 선종은 오랜 시간 수행해야 깨달을 수 있다는 역겁성불을 받아들이지 않는다. 붓다가 되려고 좌선하는 것이 아니다. 바르게 좌선하면 그 자체가 붓다다. 따라서 선종은 윤회를 내세우지 않고 윤회를 부정할 수 있다. 정리하면 다음과 같다.

a 고타마는 좌선을 통해 붓다가 되었다.
b 고타마가 전한 바른 좌선을 하면 누구나 붓다가 된다.
c 좌선하면 붓다이기 때문에 윤회하면서 수행을
  계속할 필요가 없다.
d 죽으면 붓다든 아니든 사라져 존재하지 않게 된다. •36

선종은 생생하게 세상을 바라본다. 단순한 태도를 지향하며 석가모니 붓다의 가르침에 충실하다고 말할 수 있다.

있는 그대로 바라보기

지금까지 살펴본 것처럼 불교에는 죽음에 관한 다양한 사고방식이 있다. "불교는 죽음을 이렇게 생각한다"고 간단하게 정리해서 말할 수 없다. 불교의 사고방식이 다양한 이유는 석가모니 붓다의 가르침이 제자들에 의해 다채롭게 해석되어 퍼졌기 때문이다. 불교의 본질은 고타마가 진리를 깨달았다는 사실이다. 윤회는 곁가지에 불과하다. 윤회는 불교가 힌두교와 타협해 들여온 사상일 뿐이다. 그래서 불교가 말하는 죽음은 윤회와 분리해서 생각하는 게 좋다.

불교의 핵심은 진리를 깨닫는 데 있다. 고타마는 진리를 깨달았다. 고타마처럼 사람은 누구나 진리를 깨달을 수 있다. 불교는 평등을 가르치는 종교이기 때문이다. 그러면 그 진리란 대체 무엇일까? 세상 그대로가 진리다. 있는 그대로의 세상을 자신의 욕망과 주관, 불필요한 감정 없이 바라본다. 필요하면 명상을 통해서 뚜렷이 바라본다. 내가 사람으로 존재한다는 게 어떤 의미인지를 이해한다. 타인과 공존하는 사회, 세상을 이해한다. 사람의 삶과 죽음을 있는 그대로 바라본다. 그러면 다음과 같이 알게 된다.

붓다는 지구도 자연도 사람도 동물도, 우주의 모든 것이
훌륭하고 정교하고 아름답게 만들어졌다고 생각했습니
다. 그 신비(우주의 불가사의)에 감동했습니다. 세상은 너무
훌륭하고 정교하게 만들어져서 조금만 손을 대도 부서
지고 맙니다. 모든 생명은 결국 죽게 되고, 모든 것은 언
젠가 망가져버립니다. 그래서 슬프지만 아름답습니다.
이렇게 이루어진 우주의 신비가 불교에서 말하는 다르
마(법)입니다. 그저 감동할 따름입니다.

　여러분도 저도, 사람은 모두 우주의 불가사의로 인해
불가능에 가까운 확률로 탄소와 수소, 유전자와 단백질
의 조합에 의해 이 세상에 태어났습니다. 기적입니다. 언
젠가 여러분도 저도 죽음을 맞아 이 세상에서 사라져버
리겠지만, 우주가 그렇게 이루어졌으니 어쩔 수 없습니
다. 이 세상에 태어나 광활하고 신비로운 우주의 일부와
접한 것에 감사하면서, 우주의 불가사의에 몸을 맡기고
살아가다가 세상과 작별합시다.

　사람이 죽으면 어떻게 될까요? 알 수 없습니다. 그냥
사라지고 아무 일도 안 일어날지도 모릅니다. 사람의 몸
을 구성하는 아미노산이나 탄소 같은 원소로 돌아가 우

주 속으로 스며들 겁니다. 어쩌면 붓다는 이런 생각을
했던 게 아닐까요?

이 글은 10여 년 전 내가 불교의 삶과 죽음에 관해 쓴 내용이
다. 이보다 더 잘 쓸 자신이 없어서 다시 인용했다. 만약 당신
이 "나는 불교인이지만 믿음이 깊은 신자는 아니다. 굳이 말하
자면 친불교적 무종교인이라고나 할까"라고 생각한다면 얼추
이런 식으로 생각해보는 것도 좋을 것 같다.

4

사람은
죽어서도
산다

중국 사람들은
이렇게 생각한다

중국의 종교 하면 먼저 유교(儒敎)가 떠오른다. 그리고 도교(道敎)와 불교가 있다. 이 세 종교가 중국 역사에 끼친 영향이 지대하다. 유교·도교·불교는 죽음에 관한 생각이 저마다 다르지만 서로 관련이 있는 부분도 있다. 중국 사람들은 이 세 종교를 융합해서 죽음에 관한 문제를 생각해왔다. 이미 불교는 살펴보았으니 여기서는 주로 유교와 도교를 알아본다.

유교는 종교일까 아닐까

시작하기 전에 먼저 한 가지 짚고 넘어갈 부분이 있다. 유교를 종교라고 부를 수 있는지에 관한 문제다. 유교는 신을 믿지 않는다. 그 점에서 종교답지 않다. 오히려 정치학과 유사하다. 그렇다면 유교의 어떤 점을 종교라고 말할 수 있을까?

유교는 정치를 중시한다. 경제나 문화, 종교는 항상 정치보다 순위가 밀린다. 유교 고전은 어떻게 하면 좋은 정치를 할 수 있는지에 관한 매뉴얼이다. 그럼에도 유교는 종교라고 봐도 무방하다. 이유는 이렇다. 첫째, 황제가 하늘을 받들고 제사를 지낸다. 황제는 유교의 정통 통치자로서 하늘로부터 자리를 부여받는다. 그래서 천명(天命)에 보답하기 위해 기회가 있을 때마다 하늘에 제사를 지낸다. 하늘을 모실 자격이 있는 사람은 오직 황제뿐이며, 이는 곧 황제가 정통 통치자임을 표명하는 과시이기도 하다. 이렇듯 눈에 보이지 않는 하늘이라는 존재를 향해 제사를 지내는 건 종교 행위로 볼 수 있다. 둘째, 중국 사람들은 모두 조상에게 제사를 올린다. 조상에 대한 제사는 자손의 의무다. 부모(특히 아버지)를 존경하며, 부모의 부모, 부모의 부모의 부모까지 제사를 지낸다. 이렇게 부계 혈연 집단이 만들어진다. 부와 권력에 의존할 수 없는 힘없는 일반인에게는 이 혈연 네트워크가 자신을 보호해줄 거라는 믿음이 자리 잡는다.

이 두 가지를 제외하면 유교에는 종교다운 면이 없다. 유교는 종교에 관심이 없다. 공자(孔子)는 "괴이한 것, 초인적인 것, 세상을 어지럽히는 것, 이상한 현상 등에 대해서는 말하지 말라"고 가르쳤다. 하지만 전혀 관심이 없었던 건 아니다. 적의를 드러낼 만큼 극도로 종교를 경계했다. 이는 중국의 역대 왕조가 대부분 종교를 등에 업고 일어난 반란으로 무너졌기 때문이다. 그래서 종교를 경계하고 억압하고 배제한다. 이렇듯 종교를 적수로 여기는 유교는 역시 종교가 아닌 걸까? 유교를 종교로 보는 또 다른 이유가 있다.

삶이 고달프면 죽음은 뒷전이다

유교는 원래 유학(儒學)이라 불렀다. 그러니 지금부터 유교를 유학이라 부르겠다. 유학은 왜 정치를 중시했을까? 이유는 중국의 지리적 특성에 있다. 중국은 광활한 농업지대다. 세상에서 가장 풍요로운 곳 중 하나다. 하지만 평지가 많아 적의 침입으로부터 방어하기가 어렵다. 북쪽에 자리 잡은 기마민족이 항상 침략해왔다. 이 문제를 해결하려면 강력한 정권이 필요했다. 중국 농민들은 이렇게 바랐다.

1. 통일 정권을 수립해 기마민족을 물리쳤으면 좋겠다.
2. 그러기 위해 강력한 군대를 만들고 필요하면
   만리장성도 쌓자.
3. 이를 위한 비용(세금, 노역, 징병)을 부담해도 좋다.

중국 역사를 보면 반복해서 통일 정권이 들어섰다. 통일 왕조는 농민의 강한 지지를 받았다. 정권이 농민에게 이익이 되는 한 농민은 정부가 다소 횡포를 부려도 참았다. 그러나 정부가 사리사욕만 챙기고 농민을 무시하면 가차 없이 정부를 뒤집어엎고 새 정권을 세웠다. 중국의 역사는 이러한 과정의 반복이다. 정치가 중요한 이유는 농민의 생활이 중요하기 때문이다. 중국에서 정치는 농민의 안전과 평화와 번영을 실현하는 핵심 수단이었다.

정치란 사람이 사람을 지배하는 일이다. 지배하는 목적은 질서를 만들어내기 위해서다. 사람들이 흩어져 있으면 큰 힘을 발휘할 수 없지만 강력한 권력이 만들어낸 질서는 많은 사람을 동원해서 큰일을 할 수 있다. 사람을 지배하기 위해서는 사람이 살아 있을 필요가 있다. 사람이 죽으면 어떻게 되는가는 정치의 관심사가 아니다. 중국 사람들이 현실적이고 죽음에 별다른 흥미가 없어 보이는 건 이 때문이다.

유학의 성공 비결

중국의 농업은 영세한 가족 경영이었다. 그러던 것이 공자 시대(기원전 550년경)에 철기가 보급되면서 생산력이 높아지고 농민의 지위가 향상되었다. 농민 중에서 군인이 되거나 행정 직원으로 정부에 참여하는 사람도 생겼다. 공자 역시 정치에 뜻을 두었으나 끝내 좌절하고 대신 후학을 기르는 학교를 세웠다. 공자가 학교를 세울 수 있었던 건 농민의 사회 진출이 가능해졌기 때문이다. 공자는 젊은이들을 교육하고 행정 직원다운 능력을 갖추게 했다. 읽고 쓰는 법과 그 밖에 관리로서의 행동 규범을 가르쳤다. 교육을 위해 고서적을 수집하고 편찬해 경전으로 만들었다. 경전은 전통적인 내용이었지만 배우는 사람은 신흥 농민 계층이었다.

교육을 받은 농민 대표가 통치자가 되는 것, 이것이 유학의 본질이다. 군사력이나 혈통에 의한 통치가 아니라 유능하고 교육받은 자가 통치해야 한다는 유학의 생각은 매우 근대적이다. 정부의 정통성을 주장하기도 쉽다. 이것이 유학이 중국에서 성공한 이유다. 유학은 농민 계층에서 능력 있는 사람을 고용해 통치 계층에 들어가게 했다. 그 시스템이 바로 과거(科擧) 제도다. 이미 천 년 전에 완전히 정착한 제도다.

충과 효

유학이 중시하는 행동 규범은 '충(忠)'과 '효(孝)'다. 충은 살아 있는 통치자에게 복종하는 것을 뜻한다. 정치에서 죽은 자를 위한 장소는 없다.

충(忠)은 정치적 리더에게 복종하는 것이다. •37

반면에 효는 중국 사람들이 부모에게 복종하고 조상을 숭배하는 행위를 말한다.

효(孝)는 혈연 집단의 연장자,
특히 아버지에게 복종하는 것이다. •38

농가의 가족 경영은 효를 바탕으로 안정된다. 농민은 나이가 들어도 자식이 있기에 안심할 수 있다. 죽은 후에는 자손들에게 받들어 모셔지며 존경받는다. 자연스럽게 농민의 의욕이 올라가고 세수도 안정된다. 효를 강조하면 정치 안정에 큰 도움이 되는 것이다. 효는 부모가 죽어도 끝나지 않는다. 부모의 이름을 위패에 새겨 사당에 모시고 제사를 빠뜨리지 않는다. 이 방식이 몇 대에 걸쳐 유지되면 큰 혈연 네트워크가 완성된다. 혈연은 관념이기 때문에 마을이 침략당해 파괴되어도 깨지지 않는다. 정치적 동란이나 재해 시에도 사람들은 이 네트워크에 의지한다. 조상 숭배를 기반으로 말단 지역 사회가 안정되면 정치는 그만큼 수고를 덜 수 있다. 조상 숭배는 유학의 주요한 기둥이자 유학 통치의 성공 비결인 셈이다.

중국 사람들은 부모가 죽으면 조상 대열에 합류한다고 생각한다. 조상이 없었다면 지금의 '나'라는 사회적 존재도 없으며, 조상과 친척이 있었기에 내가 태어날 수 있었다고 믿는다. 더불어 자신이 죽고 나면 자손들이 잘 모셔줄 거라 기대한다. 물론 후손들의 효심이 약하면 제대로 모셔질지 장담할 수 없다. 어찌 됐건 중국 사람들에게 죽은 조상은 지금의 나를 있게 하고 혈연관계를 보존해주는 존재다. 추상적인 영혼이 되어 죽은 자의 나라에서 자유롭게 산다는 식의 생각은 없다. 그들은 윤회하지 않고, 구원받아서 신의 나라로 들어가지도 않는다.

죽은 자를 위한 역사는 없다

과거 시험에 합격해서 정치에 발을 들였던 사람이 죽으면 고향에서 자손들이 극진히 모신다. 출세한 조상 대열에 합류했기 때문이다. 이런 일에 정부는 관여하지 않는다. 대신 정치인이 되어 역사에 이름을 남겼으니 최고의 영예를 얻은 셈이다. 인생의 목적을 이루었다고 말해도 좋다.

멸망한 왕조에 관한 역사는 다음 왕조의 지식인이 조사해서 쓰는 것이 관례다. 왕조를 넘어 바통이 이어진다. 이것이 잘 지속되려면 후대 왕조의 지식인을 신뢰할 수 있어야 한다. 지금 왕조를 사는 지식인과 다음 왕조를 사는 지식인이 유학이라는 같은 가치관을 지니고 있다면 그럴 수 있다. 왕조가 교체

되었으니 오히려 권력과 이해의 얽매임 없이 공정하고 객관적인 판단을 기대할 수 있다. 바른 도리를 관철하려다 안타깝게 죽임을 당한 자도 역사에 기록되어 역사책 속에서 영원한 생명을 얻게 된다.

역사에 기록된다는 건 지역 사회나 혈연 집단과는 다른 국가 차원의 영예를 얻는다는 의미다. 지식인(행정 관료)은 역할을 마치고 나면 어떻게 살다 죽었는지가 평가의 대상이 된다. 뜻있는 사람이라면 자신이 어떻게 역사에 기록될지를 의식하며 산다. 역사는 현실 정치를 기록하면서도 현실 정치보다 높은 레벨에 있다.

역사에 등장하는 인물은 이미 죽은 사람이다. 그러나 당시 그들의 삶 속 행동이 그려진다. 그런 의미에서 역사에도 죽은 자를 위한 장소는 없다. 역사에는 사후 세계 이야기가 없다는 얘기다. 역사는 죽은 사람들의 이야기이지만 지금을 사는 사람들이 과거를 기억하고 이해하고 평가하는 데 필요하다. 살아 있는 사람이 없으면 역사는 없다. 역사에 신경 쓴다는 건 자신이 후대 사람들에게 어떻게 보일까를 걱정하는 마음이다. 이를테면 후대 사람들은 가치관을 공유하는 동료인 셈이다. 이런 태도는 죽은 뒤에 그들이 자신을 어떻게 평가할지 걱정되어서 자신의 죽음조차 외면하는 일이다.

죽음을 외면하다

사실 조상 숭배도 그렇다. 부모가 죽으면 위패에 이름을 적는다. 'ㅇㅇㅇ의 영위(靈位)'라고 쓴다. '영위'니까 죽은 자에게 영혼이 있다는 의미다. 다행히도 조상의 영혼은 점잖아서 제멋대로 날뛰거나 재앙을 초래하지 않는다. 다만 사당 안에서 자손을 지켜보고 있다. 그런 조상 덕분에 안심하는 태도는 후손의 관점에서 죽은 후의 자신을 보는 것과 같다. 내가 조상 덕분에 안심하고 사는 것처럼 나 역시 죽은 후 조상이 되면 후손들을 지켜주는 존재가 되기 때문이다. 산 자의 눈으로 보면 조상은 죽어서도 '살아 있는' 존재다. 이런 점에서 조상 숭배는 나의 죽음으로부터 교묘하게 눈을 돌려 죽음을 외면하는 구조다.

> 역사와 조상 숭배는 후손의 입장에서 죽음을 바라보며
> 죽음 자체를 외면한다. •39

이런 태도는 임종을 준비하는 것과 비슷하다. 유언장을 쓰고 장례 비용과 묘지를 마련한다. 그렇게 자신의 죽음에 관련된 잡다한 일을 처리한다. 그러면 죽을 준비를 마친 것 같다. 하지만 그런다고 해서 내가 죽는다는 사실, 즉 나의 죽음을 쉽게 받아들일 수 있을까? 미묘하게 죽음을 외면하고 있지는 않을까?

무위자연과 죽은 자의 나라

도교는 죽은 사람을 그저 죽은 사람으로 본다. 중국에서 기원한 토착 종교인 도교는 유학과는 맥락이 근본적으로 다르다. 도교 사상가로는 노자(老子)와 장자(莊子)가 유명하다. 이 둘의 성(姓)을 따서 노장(老莊)사상이라고도 부른다. 도교는 제자백가(諸子百家) 내에서 유학과 더불어 살아남아 중국 사상의 골격을 형성했다.

노장은 자연을 중시한다. 자연은 인간 통치가 미치지 못하는 영역이다. 이상적인 공간이다. 그런데 일찍이 농경과 도시 문명이 발달한 중국에는 원시림은 물론 야산도 찾아보기 힘들다. 주거 공간은 담장이 쳐졌고, 도시는 성벽으로 둘러싸여 있어서 모두 인위적인 공간이다. 인위적이란 통치가 두루 미치는 정치 영역에 속해 있음을 뜻한다. 중국 사람들이 자연에 매력을 느끼는 건 이러한 인위적인 공간에서 탈출하고 싶은 공상(망상)이다.

유학은 행정 관료를 선발해 통치한다. 행정 관료들은 서로 경쟁한다. 자연히 경쟁에서 밀려 좌천되거나 실각하는 사람이 생겨난다. 유학의 세계에서 이상을 실현하지 못한 사람은 또 다른 세계(피난처)에 희망을 건다. 그것이 도교의 무위자연(無爲自然) 세계다. 도교는 유학과 정반대의 세상을 그린다.

그래서 나는 도교를 '탈유학(脫儒學)'이라고 부른다.

자연 외에 도교가 관심 있어 하는 분야가 하나 더 있다. 바로 죽음의 세계다. 중국 사람들은 죽음에 관해 뚜렷한 이미지를 갖고 있지 않았다. 그런데 불교가 중국에 유입되면서 구체적인 이미지를 가져다주었다. 바로 윤회와 지옥이다. 불교에 따르면 윤회의 범위는 인간세상뿐만 아니라 그 아래쪽의 수라(修羅)·아귀(餓鬼)·축생(畜生)·지옥(地獄)이라는 평행세계까지 아우른다. 사람은 죽어서가 끝이 아니었다. 살아 있을 때 악행을 저질렀다면 지옥에서 태어나 고통받는다. 지옥은 사람이 죽은 후 다시 태어나는 곳이다. 죽은 자의 나라가 아니다. 이것이 불교가 말하는 지옥이다.

도교는 불교의 이러한 지옥 이야기를 받아들여 '죽은 자의 나라'로 만들었다. 중국 사람들은 이렇게 편집한 내용을 더 잘 이해하고 받아들였다. 중국에서는 사람이 죽으면 귀신이 된다고 생각한다. 귀신은 죽은 자를 말한다. 그래서 죽으면 "귀적(鬼籍)에 들었다"고 한다. 사람이 죽어서 귀신이 되면 지옥으로 내려간다. 지옥은 지상세계의 시스템과 비슷해서 왕(염라대왕)이 있고 관료 기구가 있어 사람들(귀신들)을 다스린다. 죽은 부모는 귀신세계의 일반인이 되어 지옥에서 고통받는다. 그래서 땅 위에 사는 후손들은 죽은 부모를 위해 명전(冥錢)을 태워 보낸다. 명전은 지옥에서 통용되는 돈으로 향과 함께 판다. 이것이 도교에서 말하는 효도다.

지옥이 지상과 똑같다면 귀신도 죽는다는 말이 된다. 실제로 도교에서는 귀신도 죽는다고 말하는데, 다만 그 후에 뭐가 되는지 분명하게 설명하지 않는다. 이처럼 도교는 지옥을 죽은 자의 세계로 생생하게 묘사한다. 그리고 도교 전문가인 도사 (道士)들은 주술, 요술 등 초자연적인 힘을 발휘해 사람들의 요구에 부응하려 한다. 도교가 설정한 초자연적 힘은 유학이 행사하는 정치적인 힘(통치 권력)을 뒤집는 대안적인 힘이다.

유학을 닮은 불교

중국에 불교가 전해지면서 토착 사상인 유학 및 도교와 마찰을 빚었다. 불교는 출가해서 수행하는 데 가치를 둔다. 부모를 버리고 집을 떠나 수행자가 되어 집단생활을 한다. 효를 중시하는 유학에서 부모를 버리는 행위는 용서받을 수 없다. 유학의 관점으로 볼 때 불교는 터무니없는 종교였다. 그래서 불교는 관리의 대상이 되었다.

인도는 불교의 출가 수행자 집단에 관대했다. 정부에서 자치 활동을 보장해주었고, 출가 수행자는 형사 책임을 추궁받지 않았다. 반대로 출가 집단이 정치나 경제 등 세속 활동에 관여할 일도 없었다. 이런 불교가 확산되면 효를 존중하는 유학의 기반이 무너질 수 있다. 그래서 중국 정부는 사찰을 관리하는 관청을 설치하고 사찰에 관리를 파견했다. 정부 부처에 불교부(佛敎部)가 신설되고 사찰은 국립대학처럼 되어버렸다. 출가도 허가제로 운영했다. 그러면서 불교 경전을 차례로 한문으로 번역해 방대한 한역불전(漢譯佛典)을 이루었는데, 그 과정에서 번역을 가장해 새롭게 경전을 창작하기도 했다. 이를 위경(僞經)이라고 한다. 말 그대로 가짜 경전이라는 뜻인데, 중국의 불교 경전 중 3분의 1이 위경이라고 한다. 이는 불교를 중국 사회 가치관에 맞게 변형하고자 했던 노력의 일환이었다고 볼 수 있다. 한편 도교도 불교 경전에 자극을 받아 많은 경전을 창작했다. 불교와 도교는 반목하면서도 점차 가까워졌는데, 그 과정에서 생겨난 아이디어의 상당 부분이 유학(성리학)으로 유입되었다.

중국에서 가장 성공한 불교 종파는 선종이다. 선종은 불교임에도 경전에 크게 의존하지 않았으며 저만의 독특한 수행법을 지녔다. 경제적으로도 자립했기 때문에 정부 방침에 좌우되지 않고 존속할 수 있었다. 선종의 출가 수행자는 집을 떠나 혈연 집단에서 분리된다. 성과 이름을 버리고 스승이 지어주는 법명으로 대신한다. 그리고 사제 간의 계보를 마치 혈연의 계보처럼 중시한다. 그것이 가르침의 옳음을 담보하기 때문이다. 유학의 조상 숭배 사고방식이 불교에 투영되었다고 볼 수 있다.

　중국에서는 대개 유학식이나 도교식으로 장례를 치른다. 불교는 장례에 관여하지 않는 게 일반적이다. 하지만 선종에서는 출가 수행자들이 혈연 집단을 떠나 있기에 따로 장례를 치러줄 사람이 없어서 불교식으로 장례를 치르고 절 근처 무덤에 매장한다. 이는 조상 숭배와는 관계가 없다. 이 점에 있어서는 불교의 원칙에 충실하다. 이러한 불교식 장례가 일본으로 전해졌다. 마침내 일본의 모든 불교 종파가 문도들을 위해 불교식 장례를 치르기 시작했는데, 불교의 원칙과 일본의 전통이 애매하게 혼합되어 알 수 없는 형태가 되었다. 장례는 세속의 일이므로 해서는 안 된다는 것이 불교의 원칙이었다. 그런데 지금 일본 불교는 장례식만 치르는 종교가 되어버렸다. 아이로니컬한 결과다.

유학과 도교의 크로스오버

중국 사람들의 사고방식이 이와 같다면, 여기서 알 수 있는 특징은 무엇일까? 일신교나 인도 문명의 사고방식과 비교해서 정리해보자.

　먼저 일신교는 유일한 창조신의 의도로써 사람의 생사를 생각한다. 삶과 죽음이 언제까지 계속될지는 신이 결정한다.

그 힘은 절대적이며 사람이 개입할 여지가 없다. 개개인은 서로 분리되어 있으며 각자의 운명은 신과 직결되어 있다. 모두가 이러한 신을 믿으며, 그 믿음에서 생사 문제와 정치, 경제, 사회 질서를 이해해나간다.

　인도에는 수많은 신이 존재한다. 여럿이 있으니 신의 역량이 분산된다. 물론 신이기에 사람의 능력을 초월하는 힘을 지녔지만 일신교의 신과 비교하면 절대적이지 않다. 대신 인도에서는 다르마(법)가 절대적이다. 다르마는 우주를 관통하고, 신들을 통해 작동하며, 사람들을 지배한다. 삶과 죽음, 다시 태어나는 일도 다르마라는 법칙에 따른다. 개개인은 서로 분리되어 있으며 각자의 운명이 다르마와 직결되어 있다. 모두가 이러한 다르마를 믿고, 그 믿음에서 생사 문제와 정치, 경제, 사회 질서를 이해해나간다.

　유학의 특징은 신을 상정하지 않는 데 있다. 일신교 같은 창조신은 물론이고 인도처럼 많은 신이 있다고도 생각하지 않는다. 그러면 사람의 탄생과 죽음을 지배하는 것은 무엇인가? 물론 자연의 작용이겠지만 유학은 이 부분을 자세히 설명하지 않는다. 대신 인간의 활동력에 초점을 맞춘다. 첫 번째는 정치 활동이다. 정치는 범죄자를 처형해 목숨을 빼앗거나 전쟁을 일으킬 수도 있다. 그다음은 부모로서의 활동이다. 부모는 자식을 낳아 기르고 자식은 부모의 임종을 지켜본다. 자식이 태어나는 것은 부모의 은혜다. 따라서 자식이 어버이의 죽음을 지켜보는 일은 효도의 기본이다. 이렇듯 유학은 사람의 생사를 신이 좌우한다고 생각하지 않는다. 사람의 활동 속에서 일어나는 일로 생각한다. 그런데 사람의 활동을 통괄하는 것은 정치다. 정치에는 권위와 정의와 강제력이 있다. 즉 유학은 정치 중심주의다. 그리고 신을 생각하지 않는다. 이 둘은 동전의 양면과 같다.

이렇게 보면 중국 사람들은 단호할 만큼 정치를 필요로 하거나, 사람의 행위만을 믿거나, 자연을 경시하고 정치의 한계를 경시하는 사람들이라고 할 수 있다. 그런데 사람의 삶과 죽음은 정치로 온전히 해결할 수 있는 문제일까? 유학자들은 가능하다고 생각한다. 정치가 없으면 사람이 제대로 된 삶과 죽음을 맞이할 수 없다고 보기 때문이다.

하지만 유학자들의 생각과 달리 삶과 죽음의 문제는 정치로 온전히 해결되지 않는다. 그건 누구나 알 수 있다. 이러한 유학의 틈새로 새어 나온 생사의 문제를 주워 담아 해결하는 종교가 도교다. 도교는 생사를 설명하는 이론을 갖추고 있다. 그 이론은 우주나 자연 현상의 원리를 느슨한 형식으로 설명한다. 또한 도교에는 여러 신이 등장한다. 이를테면 하늘은 천제(天帝)가 다스리고 지옥은 염라대왕이 통치한다. 심지어 역사 속 인물인 관우가 '장사의 신'이 되어 있다. 그 밖에 각양각색의 특기를 지닌 신들이 있다. 유학을 배운 지식인들은 도교의 이론을 엉터리 미신이나 쓸모없는 말로 치부하지만, 유학이 메우지 못하는 영역을 설명해 사람들의 욕구를 충족시켜주는 부분이 분명히 있다. 그럼에도 도교는 유학의 자리를 빼앗아 차지하려 하지 않는다. 이른바 '탈유학' 역할에 그친다. 왜냐하면 중국 사람들은 유학의 정치 중심주의가 세상의 주역이 되어야 하고, 도교의 오컬트 중심주의는 들러리 정도가 적당하다고 생각하기 때문이다. 어디까지나 유학이 중심이고 유학의 부족한 부분을 도교가 보충한다. 그렇게 유학과 도교는 서로 어우러져 전체를 이룬다.

공산주의로 병든 사회

중국은 공산주의를 받아들였다. 마오쩌둥(毛澤東)이 이끄는 중국공산당은 정권을 빼앗아 중화인민공화국을 수립했다. 관료제를 근간으로 하는 마르크스·레닌주의는 정치 중심주의라는 점에서 유교와 비슷하다. 유물론적이며 종교를 적대시한다. 현실을 중시하고 합리적이며 정치 중심주의다. 신도 믿지 않는다. 이렇듯 자신들의 전통적인 사고방식과 딱 들어맞는 부분이 있었기 때문에 중국 사람들은 공산주의를 받아들이기 쉬웠을 것이다.

그러나 중국의 전통 방식대로라면 현실적이고 합리적이며 정치 중심주의적인 유학을 보완할 만한 몽상적이고 비합리적이며 인간 중심주의적인 도교에 해당하는 무언가가 있어야 한다. 지금 중국에는 도교를 대체할 만한 것이 보이지 않는다. 중국공산당의 지배 체제는 정치 중심주의일 뿐만 아니라 이데올로기적이어서 공산주의 이외의 사고방식을 허용하지 않는다. 그러면 중국공산당의 사고방식으로 생사의 문제를 해결할 수 있을까? 불가능하다. 그런데도 억지로 이 문제를 틀어막고 있으니 여기저기 틈에서 문제가 줄줄 새어 나온다. 생사의 문제 같은 인간적인 부분은 근대 사회 성립에 꼭 필요한 요소다. 그러나 중국공산당 체제에서는 자유, 인권, 민주, 그리고 신의 존재 같은 관념의 세계를 펼칠 여지가 거의 없다. 그 결과 중국 사람들의 생사관과 가치관은 많이 뒤틀려버렸다. 중국 사회는 경직된 채 취약해지고 있다.

유학처럼 생각하기

중국 사람들은 유학과 도교가 이룩한 세계관 속에 살고 있다. 그 바탕 안에서 자신을 이해하고 죽음을 이해한다. 이러한 이해의 과정이 신을 이해하는 데는 도움이 되지 않지만 삶과 죽음에 대한 작은 힌트를 줄 수 있다. 여기서 잠시 중국 사람들을 흉내 내 자신의 죽음을 바라보고 이해해보면 어떨까?

　먼저 유학처럼 생각해보자. 사람이 죽으면 어떻게 될까? 존재하지 않게 된다. 세상에서 사라진다. 다시 만날 수 없고 대화할 수 없다. 세금을 거둘 수도 없다. 더는 사회의 일원이 아니게 된다. 그렇다면 죽음은 당사자에게 어떤 체험일까? 안타깝게도 그건 죽은 당사자밖에 알지 못한다. 죽어보지 않으면 죽음이 무엇인지 이해할 수 없다. 죽기 전에는 생각할 수 없다. 생각할 수 없는 것은 생각해봐도 소용없다. 시간과 에너지 낭비에 불과하다. 죽은 후에 영혼이 남을까? 어딘가로 가게 될까? 아니면 아예 사라져버리는 걸까? 알 수 없다. 영혼이 남아 있을 수도 있고 아닐 수도 있다. 어느 쪽이 맞는지 확인할 방법이 없다. 도무지 알 수 없다면 그건 이 사회와 상관없는 일이다. 그런 것은 지나치게 생각하지 않는 편이 좋다. 그럴 시간이 있으면 인격 함양에 힘쓰고 세상을 바르게 살아갈 생각을 하자. 이것이 유학을 배운 지식인들의 사고방식이다.

도교처럼 생각하기

이번에는 도교처럼 생각해보자. 사람이 죽으면 어떻게 될까? 망자(亡者)가 되어 죽은 자들의 나라에서 '살게' 된다. 다행히 사라지지 않는다. 이 세상을 떠나기는 하지만 대신 저세상으로 간다. 다시 만날 수 없지만 연락은 할 수 있다. 이 사회의 일원은 아니지만 저세상의 일원이 된다. 이해하기 쉬운 이야기다.

요컨대 죽음에 관한 도교의 생각은 '죽은 자의 나라가 있다'이다. 흔한 생각 같지만 일신교의 개념과는 다르다. 기독교나 이슬람교는 죽은 자의 나라가 있다고 생각하지 않는다. 사람이 죽으면 훗날 부활할 때까지 무덤 안, 혹은 적당한 장소에서 대기한다. 여전히 신의 관리 아래 있기 때문에 죽은 자의 나라에서 망자로 살지 않는다. 먼 옛날 이집트 사람들은 죽은 자들이 사는 나라가 따로 있다고 생각했지만 유대교는 이에 반발해 철저한 유물론 신봉자가 되었다. 사람이 죽으면 흙으로 돌아간다. 기독교와 이슬람교는 여기에 부활을 덧붙였다. 어쨌든 그들에게 '죽은 자의 나라'는 없다.

도교의 사고방식은 인도 문명의 사고방식과도 다르다. '죽은 자의 나라'가 없기는 힌두교나 불교도 마찬가지다. 사람이 죽는 건 우주 법칙의 일부다. 인도 문명은 윤회 사상이 주류를 이루는데, 그에 따르면 사람이 죽으면 우주 법칙에 따라 이 세상에 다시 태어난다. 다만 기존에 살던 모습으로 태어나지 않는다. 죽은 부모가 무엇으로 다시 태어났는지 자식은 알 수 없다. 부모 자신도 모른다. 어쨌든 이 세상에 다시 태어난다. 따라서 죽은 사람이 계속 죽은 채로 살아 있는 '죽은 자의 나라'는 존재하지 않는다.

정리하면 기독교, 이슬람, 인도 문명에는 '죽은 자의 나라'가 없다. 중국의 도교가 '죽은 자의 나라'를 고안해낸 건 어느 문명권과 비교해봐도 드문 일이다. 그렇다면 도교에서 말하는 '죽은 자의 나라'는 어디에 있을까? 지하에 있다. 아무도 산 채로 그곳에 갈 수 없지만 확실히 존재한다. 지상이 있으면 지하가 있기 마련이다. 지하는 분명히 있다. 그 풍경은 어떠할까? 중국 사람들은 불교 경전에 나오는 지옥을 참고로 삼아 활발한 상상력을 발휘해 '죽은 자의 나라'를 그려냈다. 그곳에서 죽은 자들은 살아생전 지상에서 저지른 죗값을 치른다. 비록 이 세상은 불완전하지만 지옥으로 인해 완전한 정의가 실현된다고 볼 수 있다.

그런데 대체로 '죽은 자의 나라'는 고문과 처형의 장소처럼 느껴진다. 죽은 부모나 조상들이 이런 식으로 구박을 받아서야 되겠는가. 마땅히 부모와 조상은 존경받고 사당 안에서 편안하게 지내야 한다. 만약 도교가 말하는 '죽은 자의 나라'를 지나치게 생각하면 유교의 정치 질서와 친족 질서가 무너질 수 있다. '죽은 자의 나라'와 자연은 정치 제도의 통치가 미치지 못하는 곳이기 때문이다. 도교는 이점을 활용해 민중을 동원하고 정치에 반항하곤 했다. 도교가 종종 정권 전복에 성공한 이유다.

죽은 자는 죽은 자로 산다

사람은 죽는다. 하지만 사람들은 죽음을 곧이곧대로 받아들이지 못한다. 죽은 사람이라도 머릿속에서 떠올리면 아직 살아 있는 것처럼 생생하게 느껴진다. 그렇게 사람들 속에 죽은 자는 살아 있다. 이 자연스러운 체험을 한데 모아 신념으로 정리한 것이 '죽은 자의 나라'다. 도교에서 말하는 죽은 자의 나라와 같은 상세하면서 복잡한 개념이 아니어도, 소중했던 누군가가 죽은 후에도 나를 지켜보고 있다든가 혹은 죽은 사람에게 말을 걸어 대화한다든가 하는 상상을 할 때가 있다. 지금은 곁에 없는 그 사람이 이 세상이 아닌 어딘가 다른 좋은 장소에서 쉬고 있다고 생각하고 싶은 것이다. 이는 자연스러운 감정이다. 많은 사람이 그렇게 상상하며 죽은 사람과의 교류를 체험한다. 어느 종교, 어느 나라 사람이든 가지고 있는 공통의 심리다. 이를 잘 받아들이면 자신이 죽은 뒤에 바로 사라져버리는 게 아니라 가까운 사람들 곁에 머문다고 여기게 된다. 이런 생각이 죽음을 맞이할 때 충격을 흡수해주는 쿠션 역할을 한다.

5

죽음은
현실의
반영이다

**일본 사람들은
이렇게 생각한다**

일본은 섬나라다. 일본 사람들은 길게 늘어선 열도에서 사회를 구성하고 살아왔다. 일본 사람들이 죽음을 대하는 태도는 다른 곳과 크게 다르지 않다. 사람이 죽으면 애도하고 땅에 묻고 기도했다. 차이가 있다면 열도의 독특한 자연환경에 따라 지역별로 특색 있는 전통을 이어왔다는 점이다. 일본은 문명이라고 하기에 규모가 작다. 내부의 다양성도 부족하다. 늘 중국 문명 영향권에 속해 있었다. 다만 불교의 전래로 죽음에 관한 사고방식은 중국과 인도의 영향을 동시에 받았다. 일본 사람들은 죽음을 하나의 명확한 사상으로 정리하지 않았다. 대신 시대마다 이런저런 생각 사이를 기웃거렸다. 이 애매하고 종잡을 수 없는 생각의 변화를 따라가 보자.

조몬 시대

벼농사 방법이 전해지기 전 일본 열도에는 조몬(縄文) 토기를
만드는 사람들의 사회가 있었다. 지금은 사회가 사라져버렸
고 그들이 사용하던 언어도 알 수가 없어서 모든 게 명확하지
않다. 고고학자들이 유물과 패총(貝塚), 석기 시대 움집터, 원
시적인 농경 생활 증거 등을 찾아냈을 뿐이다. 더불어 매장 흔
적도 발굴되었다. 굴장(屈葬)이라고 해서 무릎을 굽힌 채 유해
를 접고 그 위에 돌을 얹기도 한다. 죽은 자의 위력을 두려워
한 나머지 그들이 묘지에서 움직이지 못하게 하려는 의도였
으리라 추측된다. 아마도 당시 사람들은 죽음을 가공할 만한
어떤 힘이라고 생각했던 것 같다.

야요이 시대

대륙에서 벼농사 문화가 전해졌다. 이 시기에 관해 알려진 사
실은 수렵 채집민이던 조몬인들에 비해 야요이(弥生)인들은 몸
집이 작았다는 것과 더 높은 온도로 토기를 구울 수 있게 되어
토기의 두께가 얇아졌다는 정도다. 그 외에 야요이인들의 생사
관이나 생활 등은 자세히 알 수 없다. 다만 농경은 삼림을 개척
하기 때문에 삼림을 거점으로 하는 원주민과 다툼이 생기는 경

우가 많은데, 조몬 시대에서 야요이 시대로의 이행은 큰 충돌 없이 평화롭게 서서히 진행된 듯하다. 정복·피정복의 관계가 아니었다면 교류와 문화의 상호 영향이 있었을지도 모른다.

한편 벼농사는 부의 축적과 사회 계층의 분화를 낳았고 군사력을 지닌 수장(首長)이 생겨나기 시작했다. 수장들은 무당처럼 주술 능력이 있는 여성을 맹주로 삼아 연합했다. 이때 여성은 종교인으로 생각되지만 정확한 기록이 없어 실체가 확실하지 않다. 이 시대 사람들은 권력자가 죽으면 점토를 구워 만든 옹관(甕棺)에 넣어 묻었다. 지금까지 여러 개의 옹관이 발굴되었다. 그에 반해 일반인은 그냥 매장되었을 것이다. 이러한 유적이 어떤 생사관에 근거하는지 자세한 내용은 알 수 없다.

고훈 시대

수장은 갈수록 세력을 키워 지방 정권이 되었다. 지방 정권의 수장들은 커다란 분묘(墳墓)를 축조해 권력을 과시했다. 분묘에서 제사를 지냈다는 등 여러 가지 설이 있다. 분묘 중에는 중국에서 건너온 사상을 바탕으로 꾸며진 곳도 있다. 부장품도 매장되었다. 그중 하니와(埴輪)라는 토기 인형이 있는데, 순장의 악습을 끊고 사람 대신 토기 인형을 넣었다는 설이 있다. 고훈(古墳) 시대 역시 당시 사람들의 생사관에 관한 단서가 없어 자세히 알 수 없다.

불결한 귀신들의 세상

사람이 죽으면 어떻게 되는지에 관한 일본 최초의 기록은《고
사기(古事記)》와《일본서기(日本書紀)》에서 찾아볼 수 있다. 이
두 책은 8세기 초에 만들어졌지만 이전 시기의 전승이 반영되
었을 것이다. 두 기록에는 이자나기(伊邪那伎)와 이자나미(伊邪
那美)라는 일본 열도를 낳은 부부 신이 등장한다.

　아내 이자나미가 출산 도중 세상을 떠나자 남편 이자나
기는 아내를 만나기 위해 황천(黃泉)까지 쫓아간다. 그러나 아
내 이자나미는 이미 죽어서 흉측한 모습으로 귀신 여인들을
거느리고 있었다. 아내의 모습을 본 이자나기는 두려움을 느
껴 지상으로 도망치고, 격노한 이자나미가 그의 뒤를 쫓아가
황천과 이승을 가르는 언덕길을 바위로 막은 다음 말다툼을
벌인다. 이자나미가 세상 사람들을 죽은 자의 나라로 끌고 가
겠다고 엄포를 놓자, 이자나기는 그보다 더 많은 사람을 새롭
게 태어나게 할 거라며 응수한다. 이후 황천에서 돌아온 이자
나기는 더러운 것을 접해 불결해졌다며 물로 몸을 씻는다. 그
러자 아마테라스(태양의 신), 쓰쿠요미(달의 신), 스사노오(폭풍의
신), 이렇게 세 명의 신이 태어난다.

이자나미의 죽음을 둘러싼 유명한 에피소드다. 《고사기》에 이러한 이야기가 기록되었다는 건 당시 사람들이 이야기 내용을 이미 알고 이해했기 때문으로 추측할 수 있다. 요점을 정리하면 다음과 같다.

a 사람은 죽으면 황천으로 간다.

b 황천은 땅 밑에 있다.

c 황천은 귀신과 악신으로 가득하다.

d 황천은 죽음의 불결함으로 얼룩져 있다.

e 황천과 이승은 멀리 떨어져 있어서 자유롭게 오갈 수 없다. [40]

황천은 6~7세기경 횡혈식(橫穴式) 분묘를 연상시킨다. 횡혈식 분묘란 무덤 측면에 입구를 만든 석실 형태의 무덤을 말한다. 학자들에 의하면 황천을 본떠 만든 형식이라고 한다. 만약 그렇다면 황천은 고대까지 거슬러 올라갈 정도로 오래된 사고방식이 아닐지도 모른다. 한편 에도(江戶) 시대 국학자 모토오리 노리나가(本居宣長, 1730~1801)는 사람이 죽으면 황천으로 가게 된다고 단언했다. 일본 고전을 두루 섭렵한 그가 이런 말을 남겼으니 죽음을 기록한 모든 고전에는 황천이 언급된다고 봐도 무방할 듯하다.

자연이라는 미지의 세계

이자나미의 죽음에 뒤이은 후속 이야기는 이렇다. 스사노오가 어머니 이자나미의 죽음을 슬퍼한 나머지 '어머니의 나라'로 가고 싶다며 대성통곡한다. 그 바람에 식물이 말라죽을 지경이었다. '황천의 세계'와 '어머니의 나라'는 비슷한 이계라고 생각했던 것 같다. 이 기록을 본 민속학자 오리구치 노부오(折口信夫, 1887~1953)는 고대인들은 바다 저편에 있는 '영원의 세계'를 망자들이 향하는 '어머니의 나라'로 여겼으리라 상상했다.

농경 사회로 막 진입할 무렵, 사람들은 여전히 자연과 씨름하고 있었다. 농사는 자연을 잘 다루어야만 큰 결실을 거둘 수 있는데 사람의 힘으로 다루기에 자연은 너무도 압도적인 힘을 갖고 있었다. 사람들이 무리를 지어 이룬 공동체는 이러한 자연에 둘러싸여 있었다. 바다 저편, 땅 밑, 산꼭대기 등 어디를 둘러봐도 이해할 수 없는 세계가 펼쳐져 있었다. 그곳이 바로 이계다. 사람들은 자신의 기원을 이계에서 찾았는지 모른다. 이질적인 외부인도 이계에서 왔다고 생각했다. 신들은 이계에서 온 손님이다. 그리고 사람은 죽어서 이계로 돌아간다. 오리구치는 이러한 고대인들의 사고방식에서 문학의 근원을 보았다.

산꼭대기든 땅 밑이든 바다 저쪽이든 공동체로부터 멀리

떨어진 곳에 이계가 있다고 상상하는 마음은 소박하면서도 원시적이다. 당시 공동체끼리의 교류는 긴밀하지 않았다. 앞선 문명을 지닌 지역으로부터 문물이나 정보의 유입도 부족했다. 그러나 시간이 흘러 농경이 발전하면서 공동체 간 교류가 빈번해짐에 따라 사람들이 생각하는 이계의 관념도 달라지기 시작했다.

신도 죽는다

이자나미의 죽음에서 중요한 점은 '신도 죽는다'는 것이다. 일신교의 신은 죽지 않는다. 죽지 않고 영원히 존재하면서 세상을 지배하고 사람의 생사를 관리한다. 피조물이 죽는 이유는 신의 명령이 있기 때문이다. 그에 비해 산, 강, 바다, 큰 나무, 큰 바위, 새, 짐승, 태양, 달 같은 자연을 근본으로 하는 일본의 신들은 죽는다. 자연이기에 자연의 섭리에 따라 죽을 수도 있는 것이다. 죽음도 자연의 일부다.

신도 죽을 수 있다. 어쩌면 이미 죽었는지 모른다. 이 점을 사람이 확실히 확인할 방도는 없지만 어쨌든 신도 죽는다. 신역시 죽음 앞에서 당황한다. 사람과 마찬가지다. 이런 신은 죽음으로부터 사람을 지켜주지 못한다. 죽음 앞에 무력하다. 신도 죽음의 불결함을 두려워한다. 만약 그렇다면, 사람은 신에

게 의지하지 않고 자신만의 생각과 힘으로 죽음에 맞서 나아
갈 수밖에 없다. 이것이 일본 사람들의 의식 저변에 자리 잡은
사고방식이다.

인간적인 신들의 세계

《고사기》와《일본서기》의 다른 부분에는 신들의 상호관계가
묘사되어 있다. 신들은 하늘 위 천상계에 머물러 있다. 그 중심
에 태양의 신 아마테라스가 있지만 다른 신들도 나름의 존재
감을 드러내고 있다. 그중 유명한 '하늘 동굴(天の岩戸)' 에피소
드가 있다.

어느 날 아마테라스가 기분이 상해 동굴에 숨어버린다.
그러자 세상이 어둠에 휩싸이고 만다. 당황한 신들이 해결책
을 놓고 서로 의견을 나누다가, 거울을 만들어 동굴 앞에 걸어
놓고 재미있다는 듯 춤을 추며 아마테라스의 흥미를 끌기로
했다. 신들이 모두 모여 춤을 추며 떠들자 호기심이 생긴 아마
테라스가 밖을 내다보았다. 그 틈을 놓치지 않고 신들이 동굴
입구의 바위를 밀어내고 아마테라스를 끌어냈다.

아마테라스는 신들을 통솔하지만 절대 권력을 가진 신은
아니다. 위의 이야기처럼 신들은 서로 작전을 짜서 아마테라
스를 속일 수 있었다. 그 말은 아마테라스의 의견에 반대할 수

있다는 뜻이다. 곧 신들 사이에도 합의가 우선한다. 이는 인간 공동체의 관행이 투영되어 신들의 세계도 인간세계와 비슷하게 그려진 것으로 생각된다.

공동체는 죽음을 뿌리칠 수 없다. 죽음을 받아들이고 죽음과 함께할 뿐이다. 신도 마찬가지다. 공동체는 신을 모시고, 신에게 보호받으며, 신과 함께 있다. 그러나 시간이 지나 공동체끼리 교섭이 늘고 연대를 강화하는 시기가 오면서 신들의 모습도 서서히 변하기 시작한다.

신화는 현실의 반영이다

공동체와 공동체가, 지방 정권의 수장과 수장이 싸움을 벌여 승리한 쪽이 패배한 쪽을 복속시킨다. 이런 일이 반복되면서 거대한 정치 세력이 형성되었다. 그리고 인간세계의 변화는 신들의 상호 관계에 고스란히 반영되었다.

《고사기》와 《일본서기》에 '국가 양도' 에피소드가 있다. 이 이야기에 등장하는 오쿠니누시(大國主) 신은 다른 신들과 갖은 힘겨루기 끝에 일본 열도의 통치권을 넘겨주는 데 동의한다. 대신 이즈모(出雲)에 있는 큰 신사에 모셔질 수 있는 특권을 부여받는다. 아마도 이즈모에 있는 사람들은 아마테라스를 모시는 야마토 세력에 대항하는 그룹이었을 것이다. 야마토 세력은 오쿠니누시 신을 주신으로 모시던 이즈모 세력을 복속시키는 대신 그들의 신을 신전에 모실 수 있도록 허락했다.

《고사기》와 《일본서기》의 역할은 각지에서 전해져 내려오는 신들의 이야기를 한데 묶어 기록으로 남기는 것이었다. 기록된 신은 대체로 승리자가 모시는 신이었다. 패자가 섬기던 신은 기록에 남지 못했다. 여러 공동체와 지방 정권이 하나로 통합되는 과정이 신화에도 반영되었다고 볼 수 있다.

신을 몰아낸 불교

이런 상황에서 불교가 들어왔다. 물론 이전에도 중국 문명의 문물이 전해지기는 했다. 벼농사, 청동과 철기, 한자, 도기와 직물, 하늘의 별로 날짜를 알 수 있는 천문역법 외에 여러 기술이다. 새로운 문물과 기술이 전해질 때마다 사회는 크게 변했다. 그에 비해 불교는 추상적인 관념이자 철학이었으며 새로운 우주관이었다. 지금까지 알고 있던 대상과 전혀 달랐다. 이해하기 어렵고 장벽이 높았다.

불교와 함께 들어온 불상은 금인(金人)이라 불리며 경배의 대상이 되었다. 처음에는 신 같은 존재로 생각되었을 것이다. 신이 늘어나면 기존의 신을 모셨던 세력은 상대적으로 지위가 낮아진다. 당연히 재미없어진다. 그런데 보통의 신이 공동체를 지탱하고, 씨족과 호족을 지탱하며, 지방 정권을 유지하는 데 반해 불교는 그렇지 않다. 불교는 먼저 개인을 위한 것이다. 그리고 중국에서 그랬듯 국가를 위한 것이다. 당시 일본은 공동체에서 벗어난 개인도 국가도 아직 존재하지 않았다.

처음 불교를 받아들인 사람들은 소가노우지(蘇我氏) 같은 국제적인 배경을 가진 그룹(씨족)이었다. 이들은 불교가 국가를 위해 필요하다고 생각했다. 국가를 위한 것이라면 국가 재정으로 비용을 대야 한다. 불교는 신을 물리치고 사회 중심에 앉았다. 일본은 율령제를 채택하면서 비로소 국가다운 모습을 갖췄다. 그러나 곧 율령제의 원칙은 어디로 가버렸는지, 국유지가 스리슬쩍 귀족들의 소유로 넘어가는 일이 다반사였다. 그러자 세금이 모자라 사찰 유지 비용을 대기 어렵게 되었다. 이에 사찰도 사유지를 구해 자활을 꾀했다. 불교는 국가가 아닌 귀족들에게 봉사하고 보수를 받았다. 이것이 불교 본연의 모습과 동떨어진 헤이안(平安) 시대 불교의 탄생 과정이다.

불교와 신도의 공존

불교는 지금까지 있었던 신들의 신앙에는 없던 생각을 초래했다. 첫 번째로 번뇌에 관한 사고방식이다. 예전에는 일반적인 사회생활을 하는 데 아무런 문제가 없었다. 그런데 불교에

의하면 사람들은 깨달음에서 멀리 떨어진 어리석은 존재이며 윤회에 속박된 상태다. 이제까지 아무 문제 없던 일상에 부정적 가치관이 붙어버린 것이다. 두 번째로 지옥에 관한 사고방식이다. 사람들은 악행의 결과로 지옥에 떨어진다. 불교의 가르침에 따르면 윤회를 통해 지옥에 태어난다고 한다. 그런데 일본에 전해진 지옥은 오히려 도교와 비슷해서 망자가 괴롭힘당하는 장소였다. 일본 사람들은 그런 윤회를 믿지 않았다. 사람이 죽으면 망자가 되어 망자의 나라로 간다는 이해하기 쉬운 생각이 자리 잡고 있었기 때문이다.

한편 헤이안 시대에 부패한 귀족과 평민 들 사이에 '원혼의 복수' 같은 미신에 대한 믿음이 폭증하기 시작했다. 대표적인 예가 스가와라노 미치자네(菅原道眞, 845~903)의 복수다. 당대 최고 권력가이자 학자였던 미치자네가 유배당해 죽은 뒤 잇달아 귀족들이 사망하는 일이 벌어지자, 이를 미치자네 원혼의 복수라 여긴 귀족들이 그의 위패를 천만궁(天滿宮)으로 옮겨 천신으로 받들었다.

합리적이고 자비심을 강조하는 불교는 재앙을 당하지 않는다. 반면 일본 신도(神道)의 신은 재앙을 주기도 하고 재앙을 달랠 수도 있다. 불교는 빛의 마법, 신도는 어둠의 마법처럼 분업해서 헤이안 시대를 향유했다.

불교식 장례의 유행

신도에는 죽음을 불결하게 보는 관념이 있다. 숨기기 어려운 감정이다. 반면 불교는 인과론을 바탕으로 철저한 합리주의를 내세운다. 영혼을 인정하지 않기에 원령도 없다. 죽음을 두려워하지 않고 시체도 두려워하지 않는다. 장례식을 맡기기에 딱 좋은 조건이다. 그래서 귀족들 사이에 불교식 장례가 유행하기 시작했다.

원래 장례업은 세속의 직업으로 스님에게 금지된 일이었다. 하지만 중국의 선종이 일본에 전해지면서 생각이 바뀌었다. 선종은 무엇이든지 스스로 해결하는 종파다. 먹을 것도 입을 것도 알아서 해결해야 하고 장례식도 스님들이 치러야 했다. 이에 선종 스님들이 불교 장례 의식을 만들었다. 시간이 흐르면서 불교식 장례가 서서히 서민들에게 보급되어 에도 시대에 이르러서는 모두가 불교식으로 장례를 치르게 강제되기까지 했다. 지금도 일본 사람들이 장례식 하면 불교를 떠올리는 이유다. 하지만 원래 불교와 장례식은 아무런 관련이 없다. 부적절한 조합이라는 사실을 기억하자.

죽으면 붓다가 된다

신을 모시는 신도와 진리를 추구하는 불교는 애당초 서로 아무런 관계도 없었다. 전혀 어울리지 않을 뿐만 아니라 역사를 돌이켜 보면 오히려 응어리진 관계라고 말할 수 있다. 그러던 것이 헤이안 시대 후반에 이르러서 타협하기 시작했다. 여기서 등장하는 말이 '본지수적설(本地垂迹說)'이다. 불교의 본지(本地)인 인도에서 붓다와 보살 들이 일본으로 왔다(垂迹). 그들은 일본 땅에 강림해 신이 되었다. 그래서 신도와 불교의 실체는 같다. 이렇게 '붓다=신'이라는 공식이 성립한다. '본지수적'은 대충 이런 의미다. 물론 불교 경전 어디를 찾아봐도 그런 기록은 없다. 아무런 증거도 없다. 말하자면 설(說)일 뿐인데, 당시에는 그렇게 생각하고 싶은 사람이 많았던 것 같다. 그래서 그렇게 정착되었다.

> 본지수적설에 의하면 붓다와 신은 같다. • 41

붓다와 신을 구별하지 않고 같은 존재로 생각하게 된 현상을 신불습합(神佛習合)이라고 부른다. 그러나 붓다와 신은 근본적으로 성격이 매우 다르다. 이를 동일시하면 불교가 변질된다. 통상 불교에서 성립되지 않는 명제가 성립하게 된다. 그리고 신 역시 변질된다. 통상적인 신도에서 성립되지 않는 명제가 성립하게 된다.

　　죽음에 관해서도 그렇다. 예를 들어 일본 사람 중에 '사람이 죽으면 붓다가 된다'고 생각하는 사람이 많다. 인도나 중국에서 이런 말을 하면 비웃음만 당할 것이다. 불교에서는 절대로 이런 명제가 나오지 않는다. 진리를 깨달아야 붓다가 되고 그 길밖에 방법이 없다. 사람의 생사와 깨달음은 직접적인 관계가 없기 때문이다. 어쩌다 이렇게 되었을까? 그 이유는 예로부터 일본 사람들은 사람이 죽으면 신이 된다고 생각했기 때문이다. 여기에 '신=붓다'라는 공식을 대입하면, 왜 일본 사람들이 죽으면 붓다가 될 수 있다고 생각하게 되었는지 이해할 수 있다.

　　사람이 죽으면 붓다가 된다는 건 올바른 불교의
　　사고방식이 아니다. [42]

일본 불교의 한 종파인 염불종(念佛宗)은 사후에 극락왕생을 기원한다. 이런 염불종의 신앙은 사람이 죽으면 붓다가 된다는 명제와 딱 맞아떨어지는 느낌이 든다.

———

거대 불교 종파의 탄생

불교가 일본에 전파된 지 얼마 지나지 않아 중국의 불교 종파가 일본으로 흘러들어 왔다. 이를 '남도육종(南都六宗)'이라고 하는데 중국의 대표적인 여섯 불교 종파다. 이들은 주로 나라(奈良) 지역을 중심으로 성행했다. 중국 종파는 특정 불전을 연구하는 출가 수행자 동아리 같은 것이다. 한 사찰에 여러 종파의 스님들이 모여 있기도 하고, 같은 종파의 스님들이 여러 사찰로 흩어지기도 했다. 그러던 와중에 일본 불교사에 큰 사건이 벌어진다. 헤이안 시대에 사이쵸(最澄, 766~822)와 구카이(空海, 774~835)라는 스님이 불교를 배우기 위해 중국으로 유학을 떠났다. 훗날 두 스님이 일본으로 돌아와 사이쵸는 히에이산(比叡山)에 연력사(延曆寺)를, 구카이는 고야산(高野山)에 금강봉사(金剛峯寺)를 세웠다. 이를 기점으로 사정이 완전히 달라졌다.

　일본 사람들은 사찰이라고 하면 종파의 뿌리인 본사(本寺)가 있고, 그에 속한 말사(末寺)가 있다고 생각한다. 이는 에도 시대에 형성된 상식이다. 그전까지 사찰에는 여러 종파가 사이좋게 공존하고 있었다. 각각의 종파가 무리를 이루지 않았다. 그러던 게 사이쵸와 구카이의 출현으로 거대한 종파 세력이 등장하게 되었다. 고야산 금강봉사는 구카이를 조사(祖

師)로 삼는 밀교 진언종의 중심지가 되었고, 히에이산 연력사는 사이쵸를 조사로 삼는 천태종의 중심지가 되었다. 그리고 여러 불교 교리를 종합하고 다양한 수행법을 받아들인 천태종으로부터 산악수행(山岳修行), 염불(念佛), 선(禪), 법화종(法華宗) 등이 파생되었다.

이후 일본 불교는 종파로 명확히 구분되기 시작했다. 한 절에 다양한 종파의 스님들이 있던 시절은 사라졌다. 각 사찰은 특정 종파의 것이 되었다. 그리고 종파마다 독자적인 경전 해석과 생사관을 가지게 되었다. 그러다 보니 절이 다르면 가르침의 내용도 달라졌다. "불교는 죽음을 이렇게 생각한다"고 정리된 답변을 줄 수 없게 되었다.

염불하면 극락에 간다

기원후 8세기에서 14세기에 걸쳐 일본 불교는 서서히 큰 변화의 흐름을 맞이한다. 그 시작은 염불종의 출현이다. 염불종은 훗날 정토종(淨土宗) 또는 정토진종(淨土眞宗) 등으로 불리게 된다. 염불종 계통의 종파들은 사고방식이 매우 흡사하다. 다만 일본 정토종의 시조(始祖) 호넨은 출가 수행자로 생을 마친 데 반해 정토진종의 시조 신란(親鸞, 1173~1262)은 스님임에도 아내를 두었다. 이후 정토진종은 스님이 결혼해도 되는 불교 종파가 되었다. 불교에서 출가자가 아내를 두는 것을 대처(帶妻)라고 한다. 염불종은 이렇게 두 그룹으로 나뉘었다.

　　염불종의 세력을 크게 확장한 인물이 호넨이다. 호넨은 불교의 모든 교리를 '칭명염불'로 순화할 수 있다고 주장했다. 칭명염불이란 붓다의 명호(名號) '나무아미타불'을 읊는 것을 말한다. 이 주장은 단순명쾌해서 일반 민중들이 받아들이기 쉬웠고 큰 영향력을 지니게 되었다. 그 위세가 대단해서 당시 일본의 모든 불교 종파를 아울러 염불종으로 재편할 정도였다.

　　염불종은 말세에 불교를 칭명염불로
　　순화시킬 수 있다고 주장한다. *43

염불종의 파괴력은 마르크스주의 같았다. 마르크스주의는 자본주의 경제와 사회를 비판한다. 염불종은 율령제와 귀족의 탐욕, 사찰의 세력화를 비판했다. 당시 사회체제를 맹렬히 비난한 점에서 둘은 비슷하다. 백성을 짓밟고 부귀영화를 탐하는 귀족과 스님의 왜곡되고 잘못된 체제는 말세를 연상케 했다. 불교에서 바라보는 말세는 비상사태와 같아서 통상적인 수행이 효력을 가질 수 없다. 그만큼 세상이 혼탁해졌다는 뜻이기 때문이다. 그렇다면 말세를 위한 가르침이 따로 없을까? 불전을 꼼꼼히 살펴본 호넨은 정토 경전에서 답을 찾았다. 경전이 전하는 바에 따르면 아미타불의 서원(誓願)으로 고통받는 중생은 극락정토에 초대받아 구원된다. 극락에 왕생하려면 염불을 외우기만 하면 된다. 아니 그마저도 불필요하고 아미타불을 믿기만 하면 된다. 이 믿음을 핵심으로 하는 운동이 염불종이다.

죽음을 두려워하지 않는 염불종

염불종은 염불 말고는 어떤 수행도 하지 않을 만큼 급진주의적이었다. 불교 입장에서 보면 반체제 사상범과 같았다. 기존에 공덕을 쌓는 행위로 여겨지던 경전 독송이라든가 좌선, 사찰을 짓고 불상을 만드는 일, 보시하는 일 등을 일절 하지 않았다. 그러다 보니 염불종은 철저히 가난해졌다. 어차피 백성도 가난하니 그걸로 됐다.

점차 마을에서 염불을 외는 백성이 늘어났다. 염불종은 일본 백성이 처음으로 주체적으로 선택한 신앙이었다. 염불은 신앙을 같이하는 사람들을 굳게 단결시킨다. 많은 사람이 염불종 신자가 되자 귀족들이 압박을 느끼기 시작했다. 다른 종파의 경영 기반도 위협받기 시작했다. 이에 타 종파들이 권력자에게 염불 금지 명령을 내리도록 청탁했다. 호넨은 체포되어 유배당했다.

염불종 신자들은 극락왕생을 위한 충분조건이 무엇인지 고민했다. 논의 끝에 극락왕생의 확실한 증거는 없더라도 확신만 있다면 된다는 결론을 내렸다. 증거보다 믿음이 더 중요하다는 뜻이다. 극락왕생의 확신을 왕생결정(往生決定)이라고 한다. 이 확신을 공유하는 사람들이 염불종 신앙공동체를 이루었다. 이들은 사람이 극락왕생하면 반드시 붓다가 된다고 믿었다. 그러니 세상을 살 때도 부처님 같아야 하며 다른 사람을 대할 때도 부처님처럼 대해야 했다. 극락왕생을 믿음으로써 세상을 살아가는 행동이 달라지는 것이다. 그렇다면 죽음은 어떻게 보았을까? 극락왕생이 정해진 사람은 다음과 같은 단계를 밟는다.

이 세상에서 죽는다
⇩
극락으로 왕생한다
⇩
붓다가 되기 직전까지 순위가 높아진다
⇩
극락에서 죽는다
⇩
다시 극락에서 태어난다
⇩
수행하여 마침내 붓다가 된다
⇩
우주 저편으로 순간 이동해서 새로운 불국토를 받는다

죽어서 극락왕생하기만 하면 나머지는 일직선으로 붓다가 되게끔 정해져 있다. 그렇다면 죽음을 두려워할 필요가 없다. 두렵기는커녕 죽을 때마다 붓다로 한 발짝 나아가기 때문에 오히려 좋은 일이다. 붓다가 되면 불국토를 받게 되니 중생 구제 등 할 일이 많아 바빠진다. 고통받는 사람들을 구제하러 이 세상에 올 수도 있다. 어쨌든 결론을 말하면, 염불종 신자들은 죽음을 두려워하지 않는다. 그들의 궐기와 폭동이 만만치 않았던 이유는 이러한 믿음 때문이다.

염불종 신자는 죽음을 두려워하지 않는다. [44]

좌선이 진짜 불교다

선종은 중국에서 크게 흥한 불교 종파다. 선종이 일본으로 전해지고 이를 부흥시킨 스님이 도겐(道元, 1200~1253)이다. 일반적으로 불교는 사람에게는 불성(佛性)이 있어서 누구나 붓다가 될 수 있다고 말한다. 불성이란 붓다가 될 수 있는 잠재력 같은 것이다. 수행을 쌓으면 그 잠재력이 꽃을 피워 붓다가 된다고 생각한다.

사람에게는 불성이 있어서 수행하면 누구나 붓다가 된다는 게

불교의 일반적인 가르침이다. °45

하지만 도겐은 이렇게 말했다. "사람은 좌선(坐禪)하는 순간 이미 붓다다." 수행을 쌓아 그 결과로 붓다가 되든 말든 그런 건 중요치 않다. 확실한 건 지금 이 순간 좌선에 들면 붓다가 된다는 사실이다.

좌선을 하면 붓다가 된다는 게 도겐의 선종이다. °46

선종은 좌선을 중시한다. 나머지는 무의미하다고 주장한다. 경전 읽기, 사찰 건축, 헌금 등 그동안의 행위는 진짜 불교가 아니며 가치가 없다고 본다. 이는 일반 백성에게 환영받을 만한 생각이었다. 귀족이나 부자들과 달리 백성들은 먹고살기 힘들어 경전을 읽거나 사찰을 세우거나 돈을 낼 여유가 없었기 때문이다. 하지만 좌선은 훈련을 거친 수행자가 아니면 하기 어렵다. 종일 노동에 시달리는 일반 백성들이 시간을 쪼개 좌선하기란 쉬운 일이 아니었다.

선으로 죽음을 넘다

무사들은 선에 매료됐다. 무사는 살인과 폭력을 직업으로 삼은 자들이다. 살생을 금하는 불교 입장에서 당연히 무사는 구원에서 멀리 떨어져 있는 존재라고 할 수 있다. 하지만 무사들은 자신이 주어진 임무를 성실히 다하고 있다고 생각한다. 지역을 다스리고, 주군을 모시고, 일족을 지키기 때문이다. 이렇듯 성실하게 의무를 다한다는 점에서 무사는 선승(禪僧)과 다를 바가 없다. 훈련과 집중력이 없으면 무예든 좌선이든 숙달하기 어렵다는 점도 비슷하다. 여러모로 무사와 선종 스님의 삶은 공통점이 많다.

선은 '출가 전 → 출가 → 수행 → 깨달음 → 붓다'라는 순서를 따르지 않는다. 수행과 깨달음은 순서대로 일어나지 않고 동시에 일어난다. 수행에서 깨달음까지 긴 시간이 걸리지 않고 일순간에 이루어진다. 영원이 일순간과 같고, 출가하기 전이나 출가 후가 매한가지다. 그러니 무사는 무사인 채로 선의 정신을 따라 행동할 수 있다. 그리고 선의 정신에 따라 행동하면 무사의 세계에도 깨달음이 없다고 말할 수 없다. 이러한 마음가짐으로 무사는 무사의 의무를 다하면서 선을 실천하고, 농민은 농민의 의무를 다하면서 선을 실천하고, 상인은 상인의 의무를 다하면서 선을 실천할 수 있다. 선은 출가의 틀에 갇히지 않는다.

선종은 죽음을 어떻게 바라볼까? 죽음은 삶의 끝이다. 죽고 나서 생을 영위하는 일은 없다. 그런데 붓다는 생사를 초월했다. 붓다는 살고 싶은 만큼 살아도 좋고 언제 죽어도 좋다.

생명 있는 존재는 죽는다는 제약을 떠나 있기 때문이다. 선종에 따르면 선을 행하는 순간 그 사람은 붓다가 된다. 붓다가되면 죽음의 제약이 사라진다. 마찬가지로 재가자가 선의 정신으로 세속의 직업에 집중하고 있을 때 그는 붓다다. 그는 죽음을 넘어선다. 따라서 죽음의 제약을 넘어서려면 세속의 직업에 집중하기만 하면 된다. 무사는 무사의 의무에, 농민은 농민의 의무에, 상인은 상인의 의무에 집중하면 된다. 그러면 죽음의 제약을 넘어 생사를 초월할 수 있다. 죽음을 두려워하거나 망설이지 않게 된다.

> 선의 정신으로 세속의 의무에 집중하면 죽음을
> 초월할 수 있다. °47

언제 죽임을 당할지 모르는 무사들은 선이야말로 무사로서의 삶에 확신을 주는 근거가 된다고 생각했다. 무사가 아닌 사람도 기존 불교가 아닌 선이라면 자신이 살아갈 근거를 줄 수 있다고 생각했다. 선은 신과 미신, 주술과 분리된 합리주의다. 선은 중국에서 기원한 것이기에 일본의 신이나 공동체의 관행, 미신, 주술과 무관하다. 또한 선의 관점에서는 이 세상의 활동이 그대로 붓다의 형태가 되므로 극락왕생할 필요가 없다. 선과 염불은 둘 다 불교지만 이런 점에서 중복되지 않고 분리되어 있다.

미래를 예언하는 경전

염불종, 선종과 어깨를 나란히 하는 법화종이라는 불교 종파
가 있다. 법화종은 니치렌(日蓮, 1222~1282)이라는 스님이 세웠
다. 니치렌은 어부 출신으로 염불종과 선종이 번성하던 시절
에 태어났다. 히에이산에서 천태종을 배우며 계속해서 불교
의 진실한 모습을 추구하던 그는 《법화경(法華經)》이야말로 최
고의 불교 경전이라고 확신했다.

천태종은 애초부터 《법화경》을 최고의 경전이라고 가르
쳤다. 따라서 《법화경》을 중요하게 여기는 건 니치렌만의 독
창적인 생각이 아니다. 니치렌이 남들과 다른 건 《법화경》이
외에 다른 경전이나 종파를 적대시하고 배척했다는 점이다.
그는 《법화경》이 미래를 예언한다고 믿었다. 천재지변이나 사
회 혼란이 일어나는 이유가 사람들이 《법화경》을 존중하지 않
기 때문이라고 생각했다. 또 《법화경》의 예언 중에 아직 일어
나지 않은 일은 외국의 침공이므로 침략에 대비해야 한다고
말했다. 그런데 실제로 머지않아 몽골이 침략해왔다. 사람들
은 니치렌의 예언이 사실일지 모른다고 생각하기 시작했다.

《법화경》은 다른 경전과 두 가지 면에서 다르다. 첫째는
구원실성불의 사고방식이다. 고타마는 인도에서 태어나 진리
를 깨닫고 붓다가 되어 죽었다. 그러나 이는 임시방편의 모습

일 뿐 붓다의 진정한 정체는 구원실성불로 죽지 않고 영원히 살아 있다. 구원실성불은 오직《법화경》에서만 찾아볼 수 있다. 원래 불교는 붓다의 죽음을 전제로 전개되었다. 말세라는 타락의 시기도, 붓다의 죽음을 기준으로 얼마간의 세월이 지나면 가르침과 윤리가 쇠퇴한다고 설명했다. 그런데 지금 붓다가 존재한다면 그의 가르침에 따라 행동하는 게 당연히 옳다. 그러면 말세에도 힘을 발휘할 수 있다.

둘째는 보살이라는 사고방식이다. 보살은 대승불교의 핵심 개념으로 다른 불교 경전에도 많이 등장한다. 그러나《법화경》의 보살은 다른 경전 속 보살과는 색다른 점이 있다.《법화경》내용 중에 땅 밑에서 무수한 보살들이 솟구쳐 나온다는 이야기가 있다. 붓다는 오래전부터 가르침을 설파해왔으며, 땅속에서 이를 들으며 수행하는 많은 보살이 있다는 설정이다.《법화경》에 등장하는 보살들은 영원히 죽지 않는 붓다의 가르침에 따라 수행하는 사람들이다. 또한 보살은 재가 수행자다. 출가자가 아니다. 즉 영원히 존재하는 붓다에게 인도되어 수행 정진하며 산다면 누구나 보살이 될 수 있다.《법화경》은 이렇게 가르친다.

깨달음보다 중요한 것

법화종은 《법화경》만이 진실한 경전이라고 주장한다. 법화종을 세운 니치렌은 이 세상을 《법화경》에서 말하는 구원실성불을 따르는 보살들의 불국토로 바꾸려고 했다. 그러기 위해서는 다른 종파를 배제하고 하나로 통일시켜야 했다. 일종의 혁명인 셈이다.

먼저 보살들의 조직을 만들어야 했다. 보살은 자신이 보살임을 자각한 다음 보살행을 실천한다. 보살행을 말할 때 자주 언급되는 보살이 상불경보살(常不輕菩薩)이다. 이 보살은 누구를 만나도 "당신은 곧 깨닫게 됩니다"라고 말하고 다녔다. 모진 박해를 당해도 상대를 업신여기지 않았다. 상불경보살과 같은 삶의 방식이 보살행의 모범이라고 말할 수 있다. 《법화경》은 보살행을 높이 평가한다. 보살행이 삶의 목적이라고 해도 과언이 아니다. 깨달은 붓다조차 보살행을 계속하고 싶다고 말한다. 보살행은 본래 진리를 깨달아 붓다가 되기 위한 수단이었다. 그런데 붓다가 된 후에도 보살행을 하고 싶다고 말한다. 깨달음보다 보살행이 더 가치 있다는 얘기다.

법화종은 보살행을 깨달음보다 중요하게 여긴다. •48

보살행이 삶의 목적이 되면 깨달음은 상대적인 것이 된다. 깨닫든 깨닫지 않든 지금 보살행을 지속하는 일 자체에 가치가 있다. 영원한 존재인 붓다가 보살행을 인도하며 지켜본다. 붓다는 보살행을 실천하는 보살과 함께 있다. 세상 사람 모두가 이러한 보살행을 실천하면 이상적인 세상이 되지 않을까? 보살행을 실천하기 위해 출가자가 될 필요는 없다. 상불경보살도 출가자가 아니었다. 각자의 직업에 종사하면서 보살행을 실천해 이상세계를 만들어간다. 《법화경》은 깨달음에 매달리지 않고 보살행에 힘쓰는 게 바로 깨닫는 길임을 알려준다. 이것이 《법화경》 사상의 극치라고 말할 수 있다.

기존 불교의 중심은 어디까지나 붓다와 그의 제자인 출가자들이었다. 재가자인 농민이나 상인 들은 주변인에 불과했다. 하지만 《법화경》은 주변인에 불과했던 신자들에게 확고한 믿음을 줄 수 있었다. 루터의 종교개혁과 닮은 점이 많다. 그렇다고 법화종이 '《법화경》 원리주의 종파'가 된 건 아니다. 그들은 사람들에게 《법화경》 읽기를 강요하지 않았다. 대신 이름 외우기를 중시해서 '나무묘법연화경(南無妙法蓮華經)'과 《법화경》의 명칭을 반복해서 외우게 했다. 여기서 나무(南無)는 '뜻에 따른다'는 뜻이고, 묘법연화경은 《법화경》의 원래 이름이다. 즉 '나무묘법연화경'은 《법화경》의 가르침을 따른다는 의미다. 이는 경쟁자인 염불종의 '나무아미타불'이 널리 퍼져 있었던 점을 의식한 것으로 보인다. 당시에는 글을 읽지 못하는 사람이 많았는데, 비록 문맹일지라도 법화종 신자가 될 수 있도록 고안한 방법이다. 그러나 이 때문에 신자들이 경전 내용을 근거로 기성 불교를 비판하고 사회를 고찰하는 회로가 닫혀버렸다.

보살로 살고 보살로 죽다

《법화경》은 죽음을 어떻게 설명할까? 법화종 사람들은 보살행을 실천한다. 구원실성불, 즉 영원한 존재인 붓다를 따르기 때문에 보살행은 항상 붓다와 함께한다. 붓다는 생사를 초월한 존재다. 그러므로 보살행 또한 생사를 초월해 있다. 그들은 보살행을 하다가 목숨을 잃더라도 그것이 붓다의 의지라면 상관없다는 태도를 보인다.

　니치렌은 다른 종파를 비판했기 때문에 염불종 등 여러 종파의 원한을 샀다. 결국 유배 판결을 받았는데, 유배지로 호송되던 중 목숨을 노리는 자객들이 나타났다. 하지만 전혀 두려워하지 않는 니치렌의 태연한 모습에 거꾸로 자객들이 동요되고 말았다. 괴이한 현상을 접한 자객들이 칼을 떨어뜨렸다. 이는 니치렌이 자신의 신앙과 보살행을 목숨 걸고라도 관철하려는 각오로 살아왔음을 짐작할 수 있는 대목이다.

《법화경》은 윤회를 반복하는 역겁성불을 전제로 구성되었다. 여기서 보살행은 깨우침을 위한 수행이다. 보살행이 죽음을 피하게 할 수는 없다. 그러나 수행의 격을 높여 깨달음을 향해 전진하기 위해 꼭 필요한 과정이다. 이 점은 여느 대승불교와 같다. 그러나 니치렌은 《법화경》을 다른 경전보다 위에 두었다. 《법화경》을 다른 대승 경전에서 볼 수 없는 내용이 기록된 특별한 경전으로 받들었다. 그 특별함이란 보살행이 삶의 목적이며 깨달음보다 중요하다는 것이다. 니치렌은 《법화경》의 실천자일 뿐 진리를 깨달은 붓다가 아니다. 그런 니치렌은 법화종 신자의 롤모델이다. 죽은 후에 윤회를 반복하며 붓다를 목표로 계속 수행하겠지만, 이 세상에 있는 동안은 최선을 다해 보살행에 힘쓴다. 그것이 붓다의 길이기 때문이다. 이처럼 보살행의 무대는 현실이다. 보살 사상은 열렬한 현세 중심주의라고 말할 수 있다. 그만큼 죽음과 내세의 일은 뒷전으로 밀린다.

> 법화종 신자는 죽음과 내세의 문제를 뒤로하고
> 현실 속 보살행에 집중한다. [49]

그렇다고 죽음을 망각했다는 의미는 아니다. 죽음은 삶의 마침표다. 그래서 죽을 때까지 보살로 사는 삶을 소중히 여긴다.

죽고 나서의 일은 붓다에게 맡기면 된다. 이 세상에서의 보살행은 지금밖에 할 수 없다. 이는 붓다의 뜻에 부합하는 길이기도 하다. 붓다의 가르침대로 매 순간 살아가는 게 올바른 죽음과 내세를 맞이하는 일이고 훗날 깨달음에 이르는 길이다. 이처럼 용기 있게 현실과 마주하고 같은 자세로 죽음도 마주한다. 법화종은 이렇게 생각한다.

법화종은 보살로서 현실과 마주하고 죽음과도 마주한다. •50

실패한 불교 원리주의

기원후 8세기에서 14세기에 걸쳐 출현한 염불종, 선종, 법화종은 모두 방대한 불교를 하나로 통합하려고 시도했다. 저마다 방법은 달랐지만 모두 나름의 성공을 거두어 많은 신자를 얻었다. 이들 덕에 처음 불교를 접하고 믿음을 지니게 된 사람도 많았다. 이 세 종파의 활동을 '불교 원리주의'라고 불러도 좋다.

불교 원리주의는 불교를 하나로 통합한다. •51

원리주의란 근본 토대 위에서 신앙 전체를 체계적으로 조직한 것을 말한다. 원래 원리주의는 기독교, 특히 프로테스탄트 운동이었다. 기독교는 예수 그리스도를 따르는 종교다. 신의 말씀은 성경에 기록되어 있다. 그래서 신자들은 성경을 정확하고 올바르게 읽어 이를 자신의 사고와 행동의 기준으로 삼으려 한다. 이러한 성향이 심해져서 교회 전통은 제쳐두고 성경만 따르려는 태도가 바로 원리주의다.

불교 경전에는 신의 말씀이 아니라 붓다의 말씀이 담겨 있다. 붓다의 말씀은 명령이 아니라 권고다. 그리고 경전은 방대하고 때로는 모순된 내용이 쓰여 있다. 불교 수행자는 저마다 옳다고 여기는 가르침에 따르며 혼자서 여러 가지 방식을 차례로 시도하기도 한다. 불교를 통합한다는 건 이런 조각난 방식을 하나의 핵심이 되는 체계로 구축하는 일이다. 기독교 원리주의와는 다르지만 동기와 효과 면에서 비슷한 점이 있다.

그러나 결과적으로 일본의 불교 원리주의는 실패했다. 사회를 변화시키는 주역이 되지 못했기 때문이다. 그 자리는 무사들이 차지했다. 새롭게 출현한 세 종파의 타도 목표였던 부패 귀족과 권문세족은 수 세기가 지나는 동안 역사의 무대에서 도태되어 사라졌다. 그러나 염불종과 법화종 신자가 대신 그 자리로 들어가 사회를 재구축하지는 못했다. 불교 원리주의에는 사회를 조직할 원리가 없었기 때문이다. 이것이 루터파나 칼뱅파 등 기독교의 여러 프로테스탄트 교파의 경우와 다른 점이다.

무사는 세속의 단체로 전투력을 지닌 채 마을을 통치하는 능력을 갖췄다. 광범위한 조직도 형성할 수 있었다. 무사 집단은 여러 불교 종파와 거리를 두면서 통치권과 법률을 제정해 정부를 수립했다. 정부와 정부는 때로는 싸우고 때로는 연합하면서 자신들의 세력을 유지했다. 그 집대성이 에도 막부(幕府) 시대다. 에도 막부의 원칙은 단순하다. 어느 종파든 정부의 말을 따르지 않으면 죽는다는 것이다. 순종하는 종파만이 존속할 수 있었다. 말 잘 듣는 종파는 정부 대신 행정 업무를 맡기도 했다. 여기서 말하는 행정 업무란 대체로 장례식, 출생 등록 같은 일이었다. 이를 사청제도(寺請制度)라고 한다.

개성이 사라진 일본 불교

호주제와 사청제도는 사람들의 사고방식을 크게 바꾸었다. 사청제도는 불교 원리주의 종파에게 호되게 당했던 무사 정권이 그들을 통제하기 위해 채택한 수단이었다. 사람들은 집집마다 어느 종파에 속해 있는지 사찰에 등록해야만 했다. 자녀가 태어나면 선택의 여지 없이 자동으로 종파가 정해졌다. 종파를 지탱하는 '믿음'이라는 중요한 요소가 사라지기 시작했고 시간이 흐르자 어느 종파나 다 비슷해졌다.

어느 사찰도 법회나 장례식 이외의 일로 많은 사람이 모여서는 안 된다. 또 자신이 속한 종파를 바꾸어서도 안 된다. 한마디로 포교를 해서는 안 된다는 뜻이다. 대신 장례식을 통한 수입이 보장되었다. 그런데 집집마다 종파가 달라서 친척이나 지인의 장례식에 참가할 때면 어쩔 수 없이 다른 종파의 사찰을 가게 된다. 그러다 보니 종파마다 경전을 읊거나 계명(戒名) 짓는 방법 등에 차이점이 있음에도 전체 참석자들을 위해 비슷한 의식을 거행할 수밖에 없었다. 점차 종파의 개성이 사라져갔다. 매년 거행되는 불교 행사도 비슷한 형식으로 치러졌다. 그 결과 현재 일본 사람들이 알고 있는 공통의 불교 상식이 만들어졌다. 정리하면 다음과 같다.

a 사람이 죽으면 붓다의 제자가 된다. 아니 붓다가 된다.

b 붓다의 제자가 되었으니 사찰이 계명을 지어준다.

c 죽은 후 삼도천(三途川)을 건너 저세상으로 간다.

d 계명을 적은 위패를 불단에 모시고 기도한다.

e 추석이 되면 죽은 자가 저승에서 돌아온다. [52]

일본 사람들에게 사람이 죽으면 어떻게 되는지 물으면 대체로 이렇게 답한다. 사실 이 내용은 불교와 무관하다. 먼저 a를 살펴보자. 불교에는 사람이 죽어서 붓다의 제자가 되거나 붓다가 되는 일이 없다. b는 어떤가. 계명은 출가자의 이름인 법명이 변형된 것으로 불교 경전에 근거가 없는 일본만의 관습이다. c도 민간 미신에 속한다. d에서 말하는 위패는 원래 유교나 도교에서 쓰던 물건이 변질되어 불단에 모시게 된 것이다. e는 기원이 불분명한 풍습이다. 여기에는 가마쿠라(鎌倉) 시대 불교의 절박하면서도 예리한 구석이 어디에도 보이지 않는다. 보기 좋게 둥글둥글해져 있다. 죽음의 의식도 자의식도 모두 흐려졌다.

망자를 위한 법회

죽은 사람은 계명을 받고 정해진 일정대로 죽음의 세계로 향한다. 이를 "성불한다"고 말한다. 죽은 사람은 원령이나 악령이 되지 않는다. 붓다가 된다. 전통적으로 일본 사람들은 죽음을 두려워하고 부정하게 여겨왔는데, 이런 감정을 누그러뜨린 게 52번 명제다.

일본 사람들은 영혼을 믿을까? 일본에는 유령이라는 말이 있다. 죽으면 유령이 되어 죽은 장소에 나타나거나 생전 친밀한 관계였던 사람 앞에 모습을 드러낸다고 한다. 유령은 맺힌 한이 많아 붓다가 될 수 없지만 경전을 읽어주고 공양을 올려서 달래주면 더 이상 구천을 맴돌지 않고 정해진 죽음의 세계로 돌아간다. 그러나 죽은 사람이 유령이 되는 건 예외적인

사건이다. 보통은 정해진 일정대로 붓다가 되는 길로 향한다
고 생각한다.

　누군가 세상을 떠나면 남은 사람들은 3년째, 7년째… 등
일정 기간에 따라 고인을 추모하는 법회를 연다. 그러다 고인
을 기억하는 관계자가 사망하거나 고령이 되면 법회를 열지
않는다. 이 무렵까지 죽은 사람은 서서히 조상과 융합해간다.
죽으면 극락정토에 왕생한다고 믿는 염불종의 경우에 장례식
을 치르는 게 이상해 보이지만, 이제 와 군이 그런 원칙론은 말
하지 않는다. 모난 돌은 이미 둥글어졌기 때문이다. 불교는 어
느 종파나 대체로 이렇다. 간혹 불교 외에 신도에서 장례식을
치르는 사람도 있는데, 신도 역시 5년제(年祭) 10년제 등 불교
와 시간은 다르지만 비슷한 형식의 조상 제사를 지낸다.

　정리하면, 일본 사람들이 죽음에 관해 가장 흔히 생각하
는 유형은 52번 명제다. 아무리 봐도 불교가 아니지만 불교라
고 생각하는 사람이 많다. 이는 일본의 오래된 관습이 호주제
와 사청제도 속으로 들어와 에도 시대에 정착한 현상이다. 알
맹이는 불교와 거의 관계가 없다.

　망자를 위해 기간을 정해두고 법회를 여는 관습은 불교와
관계없는 옛 전통이다. [53]

충과 효는 하나다

에도 막부는 주자학(朱子學)을 장려했다. 주자학은 중국 송나라 때 성립한 유학으로 성리학(性理學)이라고도 부른다. 공자와 맹자 이후 유학을 주자의 해석에 따라 정리한 사상이다. 무사들은 막부의 명령에 따라 주자학을 배우기 시작했다. 그런데 유학 고전은 한문(중국어)으로 쓰여 있다. 외국어다. 외국어는 사전과 문법서를 참고해 제대로 배워야 읽을 수 있다. 무사들은 차츰 유학 고전을 읽는 능력을 갖추었다. 하지만 아무리 읽어도 이해되지 않는 구석이 있었다. 유학은 중국 사회를 전제로 성립한 사상이라 일본 사회와는 달랐기 때문이다.

가령 충과 효가 그랬다. 충과 효는 유학의 바탕을 이루는 가치다. '충'은 정치적 리더, 즉 황제에게 복종함을 의미한다. '효'는 혈연관계의 연장자, 즉 부모에게 복종함을 의미한다. 충은 황제를 받드는 행정 관료가 갖춰야 할 덕목이고, 효는 혈연 집단에 속한 모든 중국 사람이 갖춰야 할 덕목이다. 관료 조직과 혈연 집단이 깔끔하게 분리되어 있는 중국 사회에서 충과 효는 별개의 행동 원리다.

그러나 일본 사회는 중국과 전혀 다른 원리(호주제)로 구성되어 있었다. 에도 시대 최고 권력자인 도쿠가와(德川)도 호주제에 속했고, 다이묘(넓은 영지를 가진 무사)들도, 가신(家臣)들도 각자 호주제 속에서 자신의 혈연 집단을 꾸리고 있었다. 일반 백성도 마찬가지였다. 관료 조직과 혈연 집단은 같은 몸이어서 애초에 분리할 수 없었다. 따라서 충과 효가 별개라는 유학의 원칙과 맞지 않았다. 그래서 에도 유학은 충과 효를 구별하지 않고 '충=효'라고 생각하기로 했다. 이를 충효일여(忠孝一如)라고 한다. 충효일여는 일본 유학 특유의 사고방식이다. 충과 효가 별개라면 서로 견제하기 때문에 충이 절대화될 수 없다. 그러나 충과 효가 같다면 견제는 작용하지 않는다. 충을 절대화시킬 수 있다. 에도 시대 말기 일왕에게 절대적 충성을 요구한 것도 충효일여의 논리적 귀결이다. 무사들에게 주자학을 가르친 결과 일왕에게 충성하는 사상이 자라나면서 에도 막부가 멸망하는 계기가 되었으니, 참 아이로니컬한 결과가 아닐 수 없다.

충효일여를 외친 에도 유학은 일왕 충성 사상을 낳았고 막부가 멸망하는 결과를 초래했다. [54]

죽음에 무관심한 일본 유학

일본의 유학은 죽음에 대해 어떤 태도를 보일까? 유학은 한 사람 한 사람의 삶과 죽음에 관해 깊이 생각하지 않는다. 역사

서는 인물을 논할 때 그가 어떤 죽음을 맞이했는지를 기술하
는데, 그 죽음이 유학의 원칙에 합치하는지를 살핀다. 죽음 자
체보다는 유학 원칙에 더 관심이 많다. 에도 시대는 이러한 유
학 원칙을 배웠고 조상 숭배에 관해서도 배웠다. 조상 숭배는,
다행히 집집마다 불단이 있고 조상을 모셨으니 그걸로 충분
했다. 불교적인 방식이었지만 굳이 유학식으로 고칠 생각은
하지 않았다.

　사람이 죽으면 어떻게 되는지 유학의 고전에는 쓰여 있지
않다. 공자는 삶도 아직 모르는데 죽음을 어찌 알겠냐며 관심
을 보이지 않았다. 유학은 합리적인 정치학이기 때문이다. 유
학은 막부가 공인한 정통 학문이었다. 불교가 죽음을 맡았다
면 유학은 살아 있는 사람의 정치를 담당했다. 서로 알맞게 영
역을 나눠 갖고 있었다.

국학이 말하는 죽음

유학은 중국의 옛 고전을 읽고 중국 사람들의 가치관과 행동
양식을 배우는 학문이다. 이걸로 충분할까? 일본 사람들은 일
본의 고전을 읽어야 하지 않을까? 이런 관점에서 에도 시대에
국학(國學) 운동이 일어났다.

　일본에는 일본의 문학 전통이 있다. 만엽집(万葉集: 일본에

서 가장 오래된 시집)에서 시작된 와카(和歌: 일본 고유 형식의 시)다. 왕조 문학도 있다. 모두 일본어로 기록되었고 일본 사람들의 가치관과 행동 양식에 영향을 주었다. 유학은 이에 대해 아무 말도 하지 않았다.

이러한 일본 고전에 유학의 방법을 적용하면 어떻게 될까? 이것이 국학의 시작이었다. 케이츄(契沖, 1640~1701)와 카모노 마부치(賀茂真淵, 1697~1769)가 이를 시도하고, 모토오리 노리나가(本居宣長, 1730~1801)가 깊이를 더했다. 모토오리 노리나가가 읽어낸 고전은《고사기》였다.《고사기》는 신들과 사람의 생사를 기록하고 있다. 특히 이자나미가 죽어서 황천으로 가고 이자나기가 쫓아갔다 되돌아온 일화는 노리나가의 흥미를 끌었다. 이승과 저승의 대비, 이 세계를 둘러싼 신들의 우주론을 떠올리게 했다.《고사기》해설서인《고사기전》에 그 우주론의 배치도가 첨부되어 있다.《고사기전》을 정리한 노리나가는 사람이 죽으면 황천으로 간다는 결론을 내렸다. 죽음은 정해진 일이라 어쩔 수 없으며 황천의 세계는 부정하다. 그래서 죽음만큼 슬픈 일은 없다는 내용의 노래도 지어서 읊었다. 노리나가는 구시대 일본 사람들의 심성을 복원한 다음 그것이 이 세상 있는 그대로의 모습이라고 말했다.

노리나가는 젊었을 때 정토종을 열심히 믿었다. 정토종은 사람이 죽으면 극락정토에 왕생한다고 믿는다. 그런데 노리나가의 국학은 사람이 죽으면 황천으로 간다고 한다. 국학을 배우는 사람들은 이 가르침에 따라 죽은 자의 나라인 황천을 세상의 일부분으로 설정했다. 죽음의 세계도 세상을 구성하는 한 부분으로 여긴 셈이다.

유학은 죽은 사람에게 무관심하다. 도교는 죽은 사람의 앞길은 지옥이라고 말한다. 이에 반해 국학은 죽은 사람의 미래는 황천의 세계라고 말한다. 국학은 도교와 양립할 수 없다. 불교와도 양립할 수 없다. 그러나 국학과 유학은 서로 부족한 점을 보완하며 양립한다. 그래서 막부 말기 일왕 충성파들은 국학과 유학을 두루 공부하면서 자신의 생사를 생각했다.

에도 시대 지식인들은 유학과 국학을 배우고
일왕 충성파가 되었다. •55

나라를 위해 죽으면 신이 된다

히라타 아쓰타네(平田篤胤, 1776~1843)는 모토오리 노리나가의 계승자다. 히라타는 노리나가에게 자신을 제자로 받아달라는 편지를 보냈다. 하지만 편지가 도착했을 때 이미 노리나가는 세상을 떠난 후였다. 히라타는 재능과 행동력 넘치는 인물로 노리나가가 대성한 국학을 계승해 많은 저술을 남겼다. 특히 그는 신도학(神道學)을 깊이 연구했다. 국학의 표준 해석을 기준으로 삼은 신도를 복고신도(復古神道)라고 부르는데, 이와 비교해 히라타의 해석에 따른 신도를 히라타 신도(平田神道)라고 부른다.

히라타 신도에서 놓쳐서는 안 될 부분이 '영령(英靈)'이다. 히라타는 당시 금서(禁書)였던 《성경》을 몰래 읽었다. 한문 《성경》이었다. 《성경》에 영(靈)이라는 단어가 나오는데 교리에서 중요한 역할을 한다. 요약하면 한 사람 한 사람에게 영이 작용하고 있으며 육신의 죄를 털고 구제받으면 영원히 살게 된다는 것이다. 여기서 히라타는 큰 힌트를 얻었다. 히라타는 사람이 죽으면 황천에 가지 않으며 눈에는 보이지 않지만 영이 된다고 말했다. 특히 나라를 위해 목숨을 바친 영은 영령이 되어이 세상에 계속 머물며 나라의 장래를 지켜보고 보호해준다. 이것이 변함없는 일본의 도(道)라고 말했다.

나라를 위해 목숨을 바친 사람은 영령이 된다. *56

이는 모토오리 노리나가가 설명한 바를 분명히 고쳐 쓴 것이다. 더구나 근거가 분명치 않다. 히라타의 창작이라고 봐도 좋다. 나라를 위해 목숨 바친 사람을 국사순난자(國事殉難者)라고 한다. 국사순난자는 죽어서 영령이 되기 때문에 죽음이라는 부정함에 오염되지 않는다. 따라서 당당하게 영령으로 모시고 예를 표할 수 있다.

막부 말기의 관군과 메이지(明治) 시대 육군이 히라타 신도의 영령 아이디어에 주목했다. 무진전쟁(戊辰戰爭, 1868년 유신 정부군과 막부군 사이에서 벌어진 전쟁) 당시 전투가 끝날 때마다 장례를 치러야 할 필요가 있었다. 가족이 시신을 수습해 불교식으로 장례를 치르고 계명을 쓴 위패를 불단에 안치했다. 가족으로서 당연히 해야 일이었다. 그 일을 못 하도록 막을 수는 없었다. 하지만 만약 죽은 사람이 영령이 되면 군대나 국가가 전사자를 한데 모아 모실 수 있다. 가족이 장례를 치르든 계명을 붙이든 위패를 모시든 상관없다. 죽은 사람이 영령이 되는 건 불교와 아무런 관련이 없기 때문이다. 그래서 관군은 죽은 사람의 영령을 불러들이는 초혼제(招魂祭)를 지내 전사자의 넋을 달랬다. 육군은 초혼사(招魂社)를 세우고 전사자의 영령을 위해 제사를 지냈다.

도쿄에 있는 초혼사가 야스쿠니 신사(靖國神社)가 된 건 1877년이다. 야스쿠니 신사는 육군, 해군, 내무성이 관리하는 국영 시설이 되었다. '국가 신도는 종교가 아니다'가 메이지 정부의 정책이었다. 종교가 아니니 불교든 기독교든 종교가 있는 국민에게 야스쿠니 신사나 호국 신사의 참배를 강요할 수 있었다. 야스쿠니 신사에는 요리시로(依代: 신이 깃드는 도구)가 될 거울이 있는데, 전사자의 영령이 그곳으로 초대되어 합사된다. 합사란 같은 요리시로에 함께 머문다는 의미다. 함께라고 해서 합체한다는 뜻은 아니다. 개인 영은 개인 영이다. 기독교와 마찬가지로 한 사람에게는 하나의 영뿐이다. 매우 개인주의적이고 근대적인 사고방식이다. 야스쿠니 신사에 안치된 망자들은 에도 시대 말기 이후의 사망자들이다. 최근 사람들이라고 할 수 있다. 말하자면 요즘 사람(일반 국민)이라도 일정한 조건을 충족시키면 '신'이 될 수 있다는 말이다. 전통적인 신도에서 벗어난 아주 새로운 사고방식이다.

서남전쟁(西南戰爭), 청일전쟁, 러일전쟁 등 전쟁이 거듭될 때마다 수많은 전사자가 생겨 영령이 되었다. 이들은 야스쿠니 신사에 합사되었다. 제2차 세계대전에서는 수백만 명의 전사자가 나왔으며 야스쿠니의 영령은 대부분 이들로 채워졌다. 그래서 야스쿠니 신사는 전쟁의 신사라는 생각이 든다. 외신들은 '워 슈라인(War shrine)'이라고 말한다. 하지만 근원을 따지면 야스쿠니 신사는 전쟁 신사가 아니다. 에도 시대 말기 전쟁으로 죽은 재야 인물들을 모시는 혁명 기념 신사다. 훗날 많은 전쟁으로 전사자가 늘어났지만 초기에 만들어진 의도를 잊어서는 안 된다.

히라타 아쓰타네는 사후 문제에 관해 영령이라는 새로운 아이디어를 내놓았다. 영령이라는 개념은 기존 복고신도에는 없었지만 육군과 정부가 인정하면서 국가 신도의 근간이 되었다. 이렇게 죽음을 둘러싸고 전통적인 불교의 견해와 정부의 견해가 서로 나뉘게 되었다. 그리고 사람들은 이를 당연하게 받아들였다. 이상하다고 이의를 제기하는 사람은 없었다.

> 국가 신도에 따르면 사람은 전통적인 불교의 죽음과
> 국가 신도의 죽음, 이렇게 이중으로 죽는다. •57

국민이 따라야 할 신성한 의무

국민이 있고 정부가 있다. 국민은 정부를 지탱하는 토대다. 일본은 메이지 시대에 근대 국가가 되었다. 메이지 유신은 국민을 만들어낸 내셔널리즘이었다. 근대 국가에는 경찰이 있고 군대가 있다. 분쟁이 생기면 사법부에 호소해야 한다. 또한 법이 있고 법원이 있으며 집권 세력인 행정 기구가 있다. 이런 정부 기구에 의해 계약이 보호되고 개인의 권리가 보장된다. 반면 교육과 납세와 병역 의무가 있다. 국민은 국가가 있어서 삶에 이로움을 얻지만 대신 국가를 지탱하는 비용도 부담해야 한다.

메이지 유신은 일왕을 받듦으로써 성공할 수 있었다. 메이지 정부는 일왕을 통해 통치의 정통성을 얻을 수 있었다. 정부는 일왕을 신화적인 고대로부터 계보를 계승하는 특별한 존재로 각인시켰다. 일왕을 사람 모습으로 나타난 신이라는 의미로 '아라히토가미(現人神)'라고 불렀다. 국민은 이런 일왕에게 의무를 다해야 한다. 그 의무를 대의(大義)라고 이름 붙였다. 군인 포고문, 교육 포고문은 각각 일왕과 국민의 특별한 유대 관계를 강조한다. 이 포고문은 헌법을 초월한다. 일왕이 국민에게 부과하는 신성한 임무이기 때문이다. 예를 들어 병역의 의무는 헌법 및 법률이 정하지만, 헌법이나 법률이 없다고 해도 일왕에 대한 의무로서 국민에게는 병역의 의무가 있다고 보는 것이다.

병사는 전쟁터에서 언제 죽을지 모른다. 희생양이 될 수도 있다. 만약 그런 경우가 발생하면 나라를 지키기 위해, 일왕의 뜻에 따라 위험한 임무에 종사하고 목숨을 잃었다고 한다. 그 병사는 영령이 되고 야스쿠니 신사의 신이 된다. 국민이 그를 기억하고 절을 올린다. '유구한 대의에 산다'는 건 이런 의미다. 대의를 따르면 생명을 잃을 수 있다. 대신 더 가치 있다고 여기는 일에 목숨 바침으로써 자신의 생명이 영령으로 형태가 바뀌어 영속한다. 영령은 정말로 실재하는 걸까? 알 수 없지만 사람들이 그렇다고 믿으면 영령은 있다.

유구한 대의에 산다는 건 의미 있는 행동일 수 있다. •58

서양 의학과 현대의 죽음

메이지 시대 일본으로 유입된 문물 중 하나가 병리학, 생리학, 해부학 등의 서양 의학이다. 서양 의학은 인체를 물질 시스템이라고 생각하는 일신교의 견해를 배경으로 한다. 신경계, 순환기계, 호흡기계 등 의학 용어에 붙는 계(系)란 시스템을 말한다. 이러한 각 신체의 시스템이 하나로 모여 인체가 재구성된다. 공중위생학은 사람의 건강을 집단으로 놓고 파악한다. 유전학이나 우생학은 개체의 번식을 둘러싸고 과학적 고찰과 평가를 한다. 진화론은 인류와 자연환경을 연속선상에서 파악한다. 인간 존재가 물적 메커니즘인 자연 위에 기초를 둔다. 서양 의학이 등장하면서 그동안의 중국 고전 한의학과 약초학이 뒷전으로 밀렸다.

서양 의학은 사람의 생사 문제를 어떻게 볼까? 정자와 난자가 수정하고 수태하는 메커니즘이 밝혀졌다. 낙태도 가능해졌다. 죽음에 관해서는 의사가 사망 진단을 내린다. 이때 호흡 정지, 심정지, 동공산대가 죽음을 진단하는 표준이다. 그런데 인공호흡기가 발명된 뒤로 뇌사 환자가 알려지기 시작하면서 호흡 정지는 죽음의 조건으로 적당하지 않게 되었다.

과연 뇌사는 죽음을 의미할까? 정신 활동과 개성이 담긴 뇌가 기능을 정지하고 회복 불능 상태에 빠졌다면 그 사람은 죽었다고 해야 하지 않을까? 심장 등 장기를 타인에게 이식해도 되지 않을까? 뇌사는 본인이 판단할 수 없다. 담당 의사가 결정한다. 따라서 의사의 판정이 자의적이지 않도록 할 기준이 필요하다. 서양에서는 뇌사자의 장기 이식 기준을 마련했다. 먼저 본인이 생전에 장기 이식 의사를 밝혔는지가 관건이다. 의사는 이식 전에 기준을 충족하는지 확인한다. 기준에 충족하면, 이 경우 뇌사는 사람의 죽음이 된다. 개인의 신체는 신이 그에게 부여한 것이며 개인이 지배한다. 본인이 장기 기증을 희망하면 가족이라도 개입할 수 없다. 서양에서는 이렇게 일이 진행되고 있다. 반면에 일본의 '장기 이식에 관한 법률(장기이식법)'은 1997년에 제정된 후 몇 차례 개정되어 현재에 이르렀다. 다음과 같은 내용이다.

1. 본인이 장기 제공 의사를 서면에 표시하고 유족이 거부하지 않는 경우 (또는 유족이 없는) 이식할 수 있다.
2. 본인의 의사 표시가 없어도 유족이 장기 제공 의사를 서면으로 동의하면 이식할 수 있다.

본인의 의사에 대해 유족이 거부권을 행사할 수 있다. 본인의 의사가 절대적이지 않다. 반대로 본인이 기증할 의사가 없어도 가족이 동의하면 이식할 수 있다. 본인의 신체 처분에 가족의 의사가 영향을 미치는 것이다.

임종을 앞둔 환자의 경우는 어떨까? 연명 치료를 계속해야 할까? 서양 국가에서는 본인의 의사를 먼저 확인한다. 임종 직전에는 종종 본인의 의사 확인이 어려울 수도 있으므로 가급적 이른 단계에서 본인의 의사를 확인해둔다. 이것이 원칙으로 가족의 의견은 거의 반영되지 않는다. 그런데 일본은 본인의 의사를 우선시한다는 원칙이 모호하다. 오히려 간호를 해온 가족의 발언이 크게 작용한다. 언제 어떻게 죽을지를 가족이 결정해도 이상하지 않다는 분위기다. 관계자가 상의해서 결정한다는 게 일본 사회의 흔한 원칙이기 때문이다.

나의 죽음은 나의 것일까

사회는 개인의 모임이다. 개인은 자기 행위에 책임을 진다. 이 원리 위에 도덕도 법률도 성립한다. 죽음 또한 개인의 몫이다. 그런데 죽음도 '행위'일까? 사람은 죽기 싫어도 때가 되면 죽는다. 또 죽고 싶어도 쉽게 죽지 못한다. 죽음이란 몸이 죽는 것이다. 몸은 결코 뜻대로 되지 않는다. 자연의 일부이기 때문이다. 만약 의도적인 죽음이 아니라면 죽음은 그저 자연 현상 중 하나다. 죽는 본인은 죽음을 받아들이고 존재하기를 멈춘다. 그러니 자기 죽음에 관여하고 싶다면 죽기 전에 미리 주변의 누군가에게 분명하게 의사를 표시해야 한다. 그러나 그것을 실행하는 사람은 죽는 본인이 아니라 다른 누군가다. 말하자면 자신의 죽음이 자기 뜻대로 진행된다는 보장은 어디에도 없다. 이처럼 죽음은 자신의 행위를 벗어난다. '나의 행위'라고 말할 수 없다.

죽음은 자신의 행위를 벗어난 자연 현상의 일부다. *59

죽음이 자신의 행위가 아니라면 자신이 책임질 수 없다. 자신은 존재하지 않으니 책임을 추궁할 방법도 없다. 그러나 누가 뭐래도 죽음은 자기 몫이다. 다른 누군가가 대신 죽어줄 수 없기 때문이다. 죽음이 자신의 행위에 들어가지 않는 사건이라고 해도 그것은 잔물결같이 다양한 방식으로 삶에 영향을 준다. 그 영향으로 어떤 일이 일어날지 예측할 수도 있다. 이에 관해 곰곰이 생각해보는 것도 '나'의 죽음을 받아들이는 과정일 수 있다.

죽음을 생각한다는 것

죽음이라는 사건은 죽음이 일어나는 와중이라도 간파할 수 없다. 죽음이 일어나기 훨씬 전에 깊이 생각하고 통찰할 때 그

파급력을 파악할 수 있다. 그때가 언제일까? 당분간 죽을 예정이 없어 팔팔할 때, 즉 지금이다. 이 책은 지금까지 일신교와 인도의 종교, 중국의 종교, 일본의 전통적인 사고방식을 소개하면서 이를 '나'의 죽음을 생각하는 재료로 삼았다. 이제 재료는 충분하다. 그렇다면 이 재료를 가지고 구체적으로 어떻게 자신의 죽음을 생각해야 할지 알아보자.

6
죽으면
어떻게 될지
스스로
결정하라

세상에는 다양한 사람이 있다. 각양각색의 사람이 저마다 죽음에 관해 이런저런 생각을 한다. 지금까지 그 내용을 살펴보았다. 그런데 그래서 어쩌란 말인가? '그런 생각을 하는 사람이 있구나' 하고 끝내면 너무 아깝다. 이 자료들을 토대로 삼아 나름대로 생각을 정리해보자. 자기 나름대로 생각한다는 건 자기 나름대로 산다는 뜻이다. 사람은 죽을 줄 뻔히 알면서 살아간다. 다른 동물에서는 볼 수 없는 사람만의 자랑거리다. 어떻게 죽을지 결정하는 일은 어떻게 살지를 결정하는 일과 연결된다. 어떻게 결정해야 좋을까?

죽음은 훈련 없는 실전이다

누구라도 죽음은 한 번뿐이다. 훈련 없는 실전이다. 반복하거나 다시 시작할 수 없다. 하지만 죽음에 관한 사고방식은 여러 가지가 있다. 그중에 하나를 골라보는 것도 괜찮지 않을까? 이도 저도 좋다는 식으로 생각 사이를 헤맬지도 모른다. 그러나 아무 음식이나 넣고 비빈다고 해서 다 맛있어지는 건 아니듯이 조합이 좋지 않은 사고방식은 섞지 말고 어느 하나를 정하는 편이 좋다. 그래서 다음과 같이 이야기를 진행하고 싶다. 우선 어느 것이든 하나를 선택한다면 무엇으로 할지 생각해본다. 다음으로 몇 가지를 조합하는 경우를 생각해본다. 조합에도 여러 가지가 있으니 대표적인 걸 꼽아본다. 시작에 앞서 제1장에서 소개한 이사시키의 정리를 다시 한번 살펴보자. 그가 말하는 죽음에 관한 사고방식은 다음의 여섯 가지다. 각각 특정 종교나 과학의 사고방식이다.

1. 다른 사람이나 동물로 다시 태어난다 ⇨ 인도 종교 (윤회)
2. 다른 세상에서 영원히 머물며 살게 된다 ⇨ 일신교
3. 곁에서 후손들을 지켜준다 ⇨ 일본 종교
4. 살아 있는 후손의 몸속에서 계속 살아간다 ⇨ 유교·도교
5. 자연의 품으로 돌아간다 ⇨ 유니테리언

6. 완전히 소멸한다 ⇨ 자연 과학·유물론

이제부터 순서대로 살펴보자.

누구든 죽으면 사라진다

먼저 6번 '완전히 소멸한다'부터 생각해보자. 사람이 죽으면 몸이 썩어 말끔히 사라진다. 죽고 나서 영혼 같은 건 남지 않는다. 영혼이나 저승 같은 건 생각하지 않아도 좋다. 무언가를 믿어야 하는 1~5번과 달리 6번은 아무것도 믿지 않아도 된다. 이 사고방식에는 무리가 없다. 명확하다. 사람은 죽으면 존재하지 않게 된다. 이 말은 누구든 죽으면 존재하지 않게 된다는 뜻이다. 괜찮은 생각 같다. 그런데 이런 사고방식에는 두 가지 종류가 있다.

6-a. 나는 죽으면 존재하지 않게 된다.
　　　그래도 세상과 주변 사람은 존재한다.
6-b. 나는 죽으면 존재하지 않게 된다.
　　　세상과 주변 사람도 존재하지 않게 된다.

여기에는 미세한 차이가 있다. 6-a는 죽어서 사라지는 존재가 자신뿐이다. 이와 달리 6-b는 죽어서 내가 사라지면 가족, 친구, 세상도 함께 사라져버린다. 이상한 말 같지만 6-b 쪽이 시종일관한다고 말할 수 있다. 내가 존재하지 않게 되는 상태가 어떤 것인지 시험 삼아 눈을 감아보자. 눈을 감으면 가족이나 친구가 없어진 듯한 기분이 든다. 하지만 '나라는 존재'는 있다. 그런데 이 '나라는 존재'가 사라지면 가족, 친구, 세상이 존재하는지 아닌지 더는 확인할 길이 없다. 죽으면 그렇게 된다. 이것이야말로 '세상과 주변 사람도 존재하지 않게 된다'는 의미가 아닐까?

허무주의자의 생각

왜 6-b가 시종일관한 내용인가? 그것은 존재를 보증하는 주체가 '나'이기 때문이다. 예를 들어 자신의 탄생을 생각해보자. '나라는 존재'가 태어났다. 태어난 후 가족도 세상도 확실히 존재한다. 그럼 태어나기 전에는 어떨까? 태어난 후에 가족과 세상이 존재하고 있었다는 말을 들었다. 그런데 그 이야기를 들은 '나'는 '정말 그럴까?'라고 생각한다. 아무것도 알 수 없는 어둠이 있을 뿐이다. 죽음과 탄생은 매우 닮았다. 태어나기 전에도 어둠뿐이고 죽은 후에도 어둠뿐이다. 알 수 없고 이해할 수도 없으니 죽으면 어둠이 모든 걸 삼켜버린다고 생각한다.

'나'가 죽으면 아무것도 인식할 수 없다. 죽음과 함께 모든 게 어둠 속으로 빨려 들어가 두 번 다시 빛을 발하는 일은 없다. 정리하면 다음과 같다.

어둠 ⇨ 나의 탄생 ⋯⋯ 나의 죽음 ⇨ 어둠

이처럼 내가 죽으면 모든 게 존재하지 않는다고 생각하는 사람을 '허무주의자'라고 부른다.

상식적인 무신론자의 생각

6-a는 6-b와 어떻게 다를까? 6-a는 내가 죽은 후에도 가족과 세상이 존재한다고 생각한다. 세상이 어둠에 휩싸여 버린다고 생각하지 않는다. 하지만 죽은 후의 '나'는 가족과 세상이 존재하는지 확인할 도리가 없다. 따라서 가족과 이 세상이 존재한다는 생각은 근거 없는 신념(신앙)이다. 이런 신념을 가진 사람이 꽤 있다. 이들을 '상식적인 무신론자'라고 부른다.

상식적인 무신론자는 자신이 죽어도 가족과 세상은
존재한다고 생각한다. [60]

여기에서 '무신론'이란, 가족과 세상은 존재하지만 신은 존재하지 않는다고 생각하는 걸 말한다. 신을 믿지 않더라도 가족이나 세상이 존재한다고 믿는 것도 훌륭한 신앙이다.

허무주의자와 이기주의자

허무주의자는 자신이 죽으면 모든 게 어둠에 삼켜진다고 생각한다. 가족과 세상은 자기를 위해서만 존재한다. 이들은 자기 이외의 사람에게 관심이 없다. 아무래도 상관없다고 생각한다. 또한 이들은 혼자만의 세계에서 산다. 진정한 존재는 자신뿐이며 다른 사람은 실제로 존재하지 않는다고 생각하기 때문이다. 이런 허무주의는 겉모습만 봐서는 알 수 없다. 허무주의자도 길에서 만나면 "안녕하세요" 하고 인사한다. 사회 규칙을 지키며 직장에서 일하고 가족과 함께 산다. 그러나 실은 자기 자신만을 위해 살고 있다. 사회에 허무주의자가 몇 명이나 섞여 있는지는 알 수 없다.

이기주의자는 허무주의자와 헷갈리기 쉽다. 하지만 이기주의자는 자기만 이로우면 된다는 식으로 행동하기 때문에 의외로 금방 알아볼 수 있다. 이들은 사회 규칙을 지키지 않고 주변 사람과 싸운다. 제멋대로다. 반면 허무주의자는 주변 사람과 싸우지 않는다. 주변 사람은 사실 존재하지 않기 때문에 싸워봐야 소용없다고 생각하기 때문이다.

이기주의자는 주변 사람보다 자신을 우선한다. *61
허무주의자는 주변 사람에게 관심이 없다. *62

사람들은 사회에서 언어로 교류한다. 누군가가 죽어도 남은 사람이 빈자리를 메우고 계속 교류한다. 당연히 내가 죽더라도 다른 사람이 나의 빈자리를 메우고 사회를 계속 유지할 것이다. 언어는 빈자리를 메우는 훌륭한 수단이다. 언어에는 사람과 사람을 잇는 힘이 있다. 그런데 이러한 언어의 기능이 허무주의에는 통하지 않는다. 허무주의는 일관성이 있지만 언어의 가치나 의미를 받아들일 수 없는 이상한 부분이 있다. 반면 상식적인 무신론자는 자신이 죽더라도 가족이나 친구가 계속해서 살아남아 말의 의미와 가치를 지켜간다고 생각한다. 허무주의자는 그런 상식에는 근거가 없다고 말한다. 과연 그럴까? 그렇지 않다. 근거가 있다. 허무주의자의 생각이 사실이라면 대체 그들은 누구에게 언어를 배웠단 말인가. 그들이 태어났을 때도 언어는 이미 의미와 가치를 가지고 있었다. 이것이 근거다.

합리주의의 한계

상식적인 무신론자의 삶을 살펴보자. 상식적인 무신론자는 눈에 보이는 걸 믿고 가족과 친구를 믿는다. 상대와 나눈 말을 믿고 언어가 전달하는 의미와 가치를 믿는다. 사회의 많은 사람이 늘 하는 일이다. 그래서 상식적인 무신론자는 자기만의 경험을 맹신하지 않는다. 가족과 친구의 경험을 믿는다. 전해 내려오는 말이나 다른 사람에게 들은 지식을 믿는다.

> 상식적인 무신론자는 언어의 연속 작용,
> 즉 전해 내려오는 구전과 지식을 신뢰한다. •63

고대의 상식적인 사람들은 조상이 전한 이야기를 믿고 신화를 믿었다. 하지만 신화는 확인할 수 없는 분야다. 이에 반해 현대의 상식적인 사람들은 과학을 믿는다. 과학은 실험과 관찰이라는 경험을 통해 세상을 조망한다. 과학을 믿는 사람은 신화를 믿지 않는다. 현대의 상식적인 무신론자는 과학을 믿는다. 이 말 말고 더 무슨 말이 필요할까. 다시 말해 상식적인 무신론자에게는 상식이 있다. 이들은 근거와 이유가 없는 일을 믿지 않는다. 현대의 상식적인 무신론자들이 과학을 믿는 건 거기에 근거와 이유가 있기 때문이다. 과학은 언어의 연속 작용으로 계승된다. 언어를 통해 과학 지식을 공유한다. 또한 과학은 세상에 관한 믿을 수 있는 정보를 준다.

물론 과학이 잘하는 것도 있지만 못 하는 것도 있다. 과학은 법칙을 잘 발견한다. 이 분야에서는 최강이다. 세상에는 비슷한 일이 반복적으로 일어난다. 과학은 거기에 주목하고 반복 속에서 보편적인 법칙을 발견한다. 하지만 한 번밖에 일어나지 않는 개별적인 사건은 법칙으로는 설명할 수 없다. 예를 들어 주사위에서 다음에 나올 수는 맞추기 어렵다. 몇 번이고 주사위를 던져서 확률의 법칙을 발견할 수 있다고 생각할지 모르지만, 바로 다음에 던져서 나오는 주사위 숫자는 '우연'이라고밖에 말할 수 없다. 우연이란 그 사건을 잘 설명할 수 없다는 뜻이다.

내가 여기에 존재하고 살아 있는 건 개별적인 사건이다. 내가 여기에 존재하는 이유는 아버지와 어머니가 만났기 때문일까? 그렇다면 아버지와 어머니는 왜 존재하게 되었을까? 아무리 생각해도 끝이 없다. 요컨대 이 세상은 개별적인 세계다. 한마디로 우연이다. 과학을 믿는 상식적인 무신론자들은 이렇게 결론짓는다. 내가 이 세상에 살아 있는 건 우연이며 과학으로 설명할 수 없다.

상식적인 무신론자는 자신이 세상에 존재하는 이유를

'우연'이라고 결론짓는다. •64

프랑스 철학자 장 폴 사르트르(Jean-Paul Sartre, 1905~1980)도 비슷한 생각을 했다. 그는 "나는 주사위처럼 세상에 던져진 존재"라고 말했다. 과학은 합리주의를 내세운다. 합리주의는 이성을 사용해 세상을 끝까지 합리적으로 파악하려 한다. 하지만 그 결과 오히려 합리적이지 못한 우연이 세상 한가운데 두둥실 공백으로 모습을 드러낸다.

> 합리주의자는 세상에 우연이라는 구멍이 뚫려 있다고
> 생각한다. •65

내가 여기에 존재하는 이유는 무엇일까? 우연이 나를 낳았다. 우연은 합리적으로 설명할 수 없다. 아이로니컬하게도 합리주의자는 세상의 불합리함을 깨닫는다. 나를 만들어낸 애매한 공백. 이 공백을 넘어 합리주의로 가는 방법은 없을까?

종교와 과학의 공존

이 세상에 일신교를 믿는 사람은 기독교도, 이슬람교도 등을 합쳐 약 40억 명이나 된다. 과학을 믿는 무신론자보다 과학을 믿는 일신교도가 훨씬 많다. 과학자면서 신을 믿는 사람도 많다. 이들의 머릿속이 궁금해진다. 여기서 상식적인 합리주의자 A가 일신교를 믿게 되었다고 생각해보자. 그러면 '과학자면서 신을 믿는' 일신교 신자와 거의 같아진다.

A는 상식 있는 사람으로 가족과 친구를 소중히 여기고 사회 규칙을 지킨다. 합리주의자라서 근거와 이유가 없는 건 믿지 않는다. 과학을 믿는다. 신앙을 따로 가지고 있지 않다. 한마디로 무신론자다. A는 자신이 죽으면 어떻게 될지 생각해보았다. 그는 상식이 있는 사람이니 허무주의자가 아니다. 자신이 죽더라도 가족과 세상은 계속 존재한다고 생각한다. 그래서 남겨질 사람들을 위한 준비를 시작했다. 그러다 애당초 자신이 왜 존재하는지 생각하게 되었다. 생각하고 또 깊게 생각했다. 그리고 끝내 합리적으로는 생각을 마무리 지을 수 없다는 결론에 도달했다.

아무리 세상의 모습을 그려봐도 우연이라는 구멍이 뚫렸다. 그러면 내가 존재하게 된 이유도 우연이 되고 만다. 합리주의자인 A에게 자신의 존재 이유가 단지 우연의 산물이라는 생각은 받아들이기 괴로운 일이다. 자신이 존재하는 의미나 가치가 모호해지고 윤리와 도덕의 근본이 무너져버리기 때문이다. 그래서 A는 생각했다. 만일 신이 세상을 만들었다면 우연은 모두 필연(신의 의도)이 되지 않겠는가? 세상의 존재 방식이 필연이라면 자신의 신념대로 살아갈 수 있다.

기적은 합리적이다

유대교, 기독교, 이슬람교와 같은 일신교는 신이 세상을 창조했다고 말한다. 신은 세상이 있어도 그만 없어도 그만이다. 아무런 상관이 없지만 신은 세상을 창조했다. 신의 뜻이다. 세상이 이러한 모습인 이유는 신의 뜻이다. 그렇다면 우연이 아니다. 이런 감각을 피부로 체감하며 이해할 수 있을까? 만약 신이 세상을 창조했다면 세상에서 우연은 사라진다. 대역전의 오셀로 게임처럼 우연은 남김없이 뒤집혀 필연(신의 뜻)이 된다.

신이 세상을 창조했다면 세상에 우연은 존재하지 않는다. [66]

세상이 신의 뜻으로 존재하는 걸 기적이라고 한다. 우연이 아니라면 기적이다. 기적은 불합리하지 않다. 합리적인 정신은 오히려 기적의 사고방식이 필요하다.

신이 세계를 창조했다면 세상은 신의 솜씨다. 산과 바다, 식물과 동물, 이 모든 것이 존재하는 건 모두 신이 한 일이다. 신이 창조한 그대로를 자연이라고 한다. 자연은 신의 계획대로 자연법칙에 따라 움직인다. 자연법칙을 발견하는 과학은 신의 기술을 밝혀내는 일이다. 신의 솜씨로 만든 세상은 자연 법칙처럼 종종 기계적으로 보이지만 엄연히 신의 뜻이 담겨 있다. 우연이 아니다. 사람의 솜씨는 사람의 생각에 기반한다. 사람은 종종 신을 배반한다. 이를 '죄'라고 한다. 이 세상은 신의 솜씨와 사람의 솜씨로 가득 차 있다. 어느 쪽도 우연이 아니다. 신과 사람의 의도가 담겨 있기 때문이다. 세상에 창조의 신이 더해짐으로써 세상은 우연이 아니게 되었다.

신을 믿는 합리주의자

합리주의자 A가 신을 믿는 행위는 불합리한가? 그렇지 않다. 신을 믿는다는 건 합리주의가 한 걸음 더 나아간 것이다. 합리주의가 과학을 낳았다. 그리고 합리주의의 바탕은 신학(신앙) 이었다. 기독교 세계에서는 아래와 같은 흐름이 과학이 성립된 순서였다.

신을 믿는다 ⇨ 신학 ⇨ 합리주의 ⇨ 과학

이 중에서 '신을 믿는다⇨신학' 부분은 어떤 내용이었든 무관심하게 되었고, 세상이 세속화되면서 합리주의와 과학만이 남게 되었다. 세속화한 현대 사회에서는 누구나 이렇게 믿는다.

이로써 민주주의도, 의회 정치도, 시장 경제도, 학교 교육도 돌아간다. 그러나 세상과 나의 존재를 철저히 이해할수록 우연의 공백이 뻥 뚫려 있음을 알게 된다. 과학으로 세상을 합리적으로 설명하려고 해도 완전하지 않다. 합리주의의 위기다. 그래서 합리주의자가 '신을 믿는다'는 건 과학과 합리주의를 보완해 우연의 공백을 딱 들어맞게 메울 수 있다는 '믿음'이다.

합리주의자 A가 신을 믿으면 어떤 느낌이 들까? 내가 여기 있는 이유는 신의 뜻, 신의 기적, 신의 은총이다. 신이 A가 존재해야 한다고 생각해서 존재하게 된 것이다. 나의 존재는 신에 의해 긍정되며 나는 신에게 사랑받고 있다. 또한 신은 나를 위해 주변 사람과의 관계도 만들어준다. 식량이나 살 곳 등도 마련해준다. 창문을 열면 꽃향기가 가득한 이유도, 곤란할 때 마침 친구가 돈을 빌려준 것도 모두 신의 배려다. 이처럼 세상에서 우연으로 보이는 모든 것을 신이 조정한다. 그러니 늘 신에게 감사해야 한다. 이렇게 생각하면서 매 순간을 보내는 삶이 '신을 믿는' 삶이다.

그런데 삶에서는 받아들이기 힘든 일이 벌어지기도 한다. 소중한 가족이 사고로 목숨을 잃거나 성실하게 일하는데도 전혀 보답받지 못하는 현실이 그렇다. 신을 믿지 않으면 우연이라고 생각하면 된다. 신을 믿으면 어떨까? 신이 무엇을 생각하고 있는지 사람은 이해할 수 없다. 신에게는 신만의 계획이 있다. 사람은 이해할 수 없어도 결국 신의 뜻대로 실현된다. 그래서 사람은 인내하지 않으면 안 된다. 시련이다. 그 시련을 받아들일 수 있는지 신이 지켜보고 있다.

합리주의자가 신을 믿게 되면 무엇이 달라질까? 눈에 띄게 달라지지는 않는다. 일상은 지금까지 그래왔던 것처럼 평소와 다를 바 없다. 그래도 만족스럽다. 우연이라는 비합리주의에 괴롭힘당하지 않고 이성을 유지할 수 있다. 자기 생각이나 행동을 검증할 수도 있다. 세상을 그대로 받아들일 수 있으니 안심할 수 있다.

세상은 이렇게 돌아간다. 이를 우연으로 볼지 필연으로 볼지는 사소하지만 큰 차이가 있다. 우연은 나와 상관없는 일이다. 필연은 나와 관계가 분명한 일이다. 우연과 필연을 어떻게 받아들이느냐에 따라서 삶이 달라진다.

합리주의자를 위한 일신교

이처럼 합리주의는 일신교와 잘 어울린다. 다만 일신교에는 '유대교 → 기독교 → 이슬람교'라는 하나의 계통밖에 없다. 유대교, 기독교, 이슬람교는 각각 꼭 들어맞는 교리가 있다. 이

교리를 받아들이지 않으면 믿는다고 할 수 없다. 그런데 초심자는 받아들기가 쉽지 않다. 일신교는 첫발을 내디딜 때 신앙의 문턱이 높다는 문제가 있다. 여기서 잠깐 상상력을 발휘해보자. 유대교, 기독교, 이슬람교를 합친 후 다시 3으로 나눈 것 같은 일신교를 떠올려보는 것이다. 다음과 같은 방식이다.

a 신이 세상을 창조하고 사람을 만들었다.

b 신이 예언자를 선택해 신의 말을 전했다.

c 예언자가 전하는 말이 성전에 정리되어 있다.

d 성전은 신과 사람의 계약(약속)이므로 지키지 않으면 안 된다.

e 신은 결국 정의를 실현한다. [67]

어떤 일신교든 이 내용이 핵심이다. 이것만 받아들일 수 있다면 나머지는 아주 순조롭다. 만약 예수 그리스도의 팬이라면 위의 명제를 이렇게 바꾸면 된다.

a 신이 세상을 창조하고 사람을 만들었다.

b 신이 사람을 구원하기 위해 예수 그리스도를 보냈다.

c 복음은 예수 그리스도가 전하는 신의 말이다.

d 복음은 새로운 계약(약속)이므로 예수를 따르는 것이 옳다.

e 예수는 결국 정의를 실현하고 사람의 죄를 용서한다. [68]

일반적인 기독교를 간략하게 요약한 버전이다. 이보다 더 합리주의적인 기독교 종파도 있다. 엄밀히 따지면 기독교인지 아닌지 헷갈리지만, 아무튼 그들을 유니테리언이라고 부른다. 유니테리언은 예수 그리스도를 신의 아들이라고 생각하지 않는다. 스승 같은 훌륭한 사람이라고 생각한다. 프랑스 계몽사상이나 프리메이슨의 사고방식에 가깝다. 그들의 사고방식을 정리하면 다음과 같다.

> a 어떤 위대한 존재가 세상을 창조하고 사람을 만들었다.
> b 예언자는 좋은 것을 말한다.
> c 예수는 좋은 것을 말한다.
> d 사람은 어떤 신앙을 선택하든 자유다.
> e 사람의 신앙을 속박하는 어떠한 교리도 없는 게 낫다. [•69]

유니테리언은 합리적인 만큼 자연과학을 인정했다. 미국의 명문 하버드대학교도 200년쯤 전에 유니테리언으로 간판을 바꿔 달았다. 미국에는 다양한 기독교가 있다. 자유주의를 표방하는 유니테리언은 기독교에서 반쯤은 벗어나 있다.

랠프 에머슨(Ralph W. Emerson, 1803~1882)은 유니테리언과 인연이 깊다. 그는 목사를 그만두고 시인이 되었는데 자연 곳곳에 신이 깃들어 있다고 생각했다. 그의 생각은 범신론에 가

깝다. 얼마 전 〈천 개의 바람이 되어(千の風になって)〉라는 노래가 유행했다. "나의 묘지 앞에서 울지 말아주오. 나는 그곳에 없습니다. … 천 개의 바람이 되어 저 드넓은 하늘을 날아다니고 있습니다." 천 개의 바람이 되어 자연을 누빈다는 가사가 에머슨의 시와 통한다.

예수 그리스도를 신(의 아들)으로 인정하지 않는 유니테리언을 기존의 기독교가 곱게 볼 리 없다. 그들에게 유니테리언은 괘씸한 존재다. 그중에서 특히 기독교 원칙을 강하게 고집하는 복음파가 유니테리언과 대립했다. 유니테리언이 자유로운 데 반해 복음파는 보수적이다. 그들은 트럼프 전 대통령을 지지했다. 이처럼 유니테리언은 물론 자유주의·중도·복음파 등 여러 기독교 종파가 있는 곳이 지금의 미국이다.

신비주의 범신론

범신론은 자연 어느 곳이든 신이 깃들어 있다는 사고방식이다. 일신교와 비슷하다. 일신교 역시 자연도 신이 만들었으므로 자연 곳곳에 신의 뜻이 깃들었다고 생각한다. 하지만 범신론은 중요한 점에서 일신교와 다르다. 범신론에서는 자연 이외에 신은 존재하지 않는다. 누구도 없다. 자연 그 자체가 모두 신이다. 합리주의가 아니라 신비주의다.

> 범신론은 자연 어느 곳에도 신이 깃들어 있다고 생각한다. •70

자연 그 자체가 모두 신이라면 일본 신도와 비슷하지 않은가? 얼핏 비슷해 보이지만 일신교가 형태를 바꾼 범신론에는 '나쁜 신'이라는 사고방식이 없다. 신은 좋은 존재다. 그런 신이 뿔뿔이 흩어져 자연 속에 숨어 있다. 반면 신도에는 '좋은 신·나쁜 신'이라는 개념이 있다. 신은 재앙을 내리거나 부정한 일로 해를 주기도 한다. 좋은 신과 나쁜 신이 다투기 때문에 세상을 합리적으로 이해하기 어렵다.

일본의 전통적인 사고방식

신도는 어떤 사상인가? 원래부터 일본 사람들은 신을 믿었다. 지금 있는 신도는 불교와 유학의 영향을 받아 많이 변했다. 어떻게 변했는지 살펴보면 다음과 같다.

불교는 철저한 합리주의를 표방한다. 죽은 자의 세계나 영혼을 생각하지 않는다. 애당초 신비주의인 신도와 뜻이 맞지 않는다. 그런데 신도가 불교를 모방하기 시작했다. 건물도 사찰 건축 양식으로 변해갔다. 불교 경전 같은 책도 만들었다. 그리고 인도의 붓다와 일본의 신은 같다는 식의 이야기가 만들어졌다. 어느새 불교와 신도는 서로 달라붙어 하이브리드가 되었다.

　에도 시대에는 유학(주자학)이 강성했다. 유학도 철저한 합리주의다. 훌륭한 정치를 하는 게 중요할 뿐 이외에는 관심을 두지 않는다. 유학의 관점에서 일본 역사는 어떻게 보일까? 중국에서는 황제가 정치를 한다. 훌륭하다. 하지만 가끔 교체되기도 한다. 일본에서는 일왕이 정치를 한다. 더 훌륭하다. 일왕은 교체되지 않는다. 왜 일왕은 훌륭한가. 신의 자손이라고 《고사기》와 《일본서기》에 쓰여 있기 때문이다. 그런데 하이브리드된 신도와 불교는 일본의 신이 붓다라고 말한다. 그렇지 않다. 일왕은 신도의 중심이며 불교와는 관계가 없다.

　이렇듯 유학은 불교를 눈엣가시로 여겼다. 그러면서 신도를 흡수하려고 했다. 이 지점에서 활약한 게 국학이다. 국학은 《고사기》, 《일본서기》, 《만엽집》, 《겐지이야기(源氏物語)》를 읽으며 일본의 전통을 연구한다. 국학자들은 신도가 불교와 무관하게 아주 오랜 옛날부터 있었다고 결론지었다. 그리고 신도를 본래의 모습으로 되돌리려고 한다. 이를 복고신도라고 한다. 복고신도는 순수한 신도다. 일본 사람이라면 일왕을 따라야 한다는 사상의 근거이며 메이지 유신을 이끌었다. 메이지 정부는 신도가 불교와 관계없다고 강조했다. 신사(神社)를 신사다운 분위기로 만들고 굵은 자갈을 깔기도 했다. 지금 일본 사람들이 알고 있는 신도는 이렇게 만들어졌다. 신도의 사고방식을 복고신도에 기반해서 정리하면 다음과 같다.

　　a 세상은 신들의 재주(연결)로 생겨났다.
　　b 좋은 신·나쁜 신이 좋은 일·나쁜 일을 일으킨다.
　　c 좋은 신들을 모시고 평화롭게 사는 게 좋다.
　　d 신들의 일은 《고사기》와 《일본서기》에 쓰여 있다.
　　e 사람은 죽으면 황천으로 간다 (사람은 죽으면 영령이 된다). •71

정규 학교 교육을 받고 과학을 믿는 사람이 이러한 신도를 믿는 게 가능할까? 가능하다. 실제로 전쟁 전에는 역사 시간에 학생들에게 신도를 가르쳤다. 모든 일본 사람이 국가 신도를 배우고 믿었다.

　　사람이 죽으면 어떻게 될까? 신도라면 71번 명제와 같이 생각한다. 죽으면 황천으로 간다. 《고사기》와 《일본서기》에 그렇게 나오기 때문이다. 아니면 죽어서 영령이 되어 돌아온다고 생각할 수도 있다. 히라타 아쓰타네가 처음 주장하고 메이지 정부가 이 아이디어를 채용했다. 그에 따라 야스쿠니 신사도 생겼다. 어느 쪽이든 불교와는 무관하다. 그러나 이는 어디까지나 정부의 생각이다. 정부는 영령을 모시고 야스쿠니 신사에서 의식을 행한다. 하지만 가족은 불교식 장례를 치르고 법명을 지어 제사를 지낸다. 가족과 정부가 행하는 의식이 따로따로여도 상관없다. 뭔가 기이하지만 전쟁 전의 일본 사람들은 이렇게 생각했다.

염불하는 합리주의자

과학을 믿으면서 극락왕생을 기원하는 게 가능할까? 가능하다. 염불종의 정수는 다음과 같다.

a 극락정토에는 아미타불이 있어서 모두를 초대한다.
b 아미타불은 서원을 세웠고, 그 서원을 믿으면
   극락에 갈 수 있다.
c 극락왕생한 후에는 반드시 붓다가 된다.
d 붓다가 되기 전에 극락에서 돌아와 중생을 위해
   봉사할 수 있다. [72]

간단히 말하면 '죽으면 극락에 간다'는 뜻이다. 합리주의자가 염불을 하고 극락왕생을 믿는다고 치자. 72번 명제는 극락에서 일어나는 일이기에 이 세상과는 관련이 없다. 이 세상에서는 사회 규칙에 따라 살아가면 그것으로 충분하다. 그런데 어떻게 하면 극락에 갈 수 있을까? 염불이 중요하다. 아니, 신앙이 중요하다. 아니, 아미타불에게 맡기는 게 중요하다. 다양한 이론이 있다. 어느 쪽을 중시하든 극락에 간다고 생각하면서 세상을 살아간다. 그것이 염불 신자가 된 합리주의자의 일상이다.

죽으면 어떻게 될까? 죽으면 극락왕생이 정해져 있다고 생각한다. 극락에 가면 하고 싶은 일이 많다. 벌써부터 기대가 된다. 그런데 나는 극락에 가니 좋다고 해도 다른 사람은 죽으면 어떻게 될까? 극락왕생하지 못하는 사람은 윤회를 반복한다. 붓다가 될 수 없다. 딱한 일이다. 그런 사람들을 위해서라도 나는 극락왕생한다. 그리고 사람들을 구하러 극락에서 돌아온다. 여러 가지로 할 수 있는 일이 있다. 이런 굳은 신념으로 세상에서 각오를 가지고 살아갈 수 있다.

좌선하는 합리주의자

합리주의자는 선에 전념할 수 있을까? 전념할 수 있다. 누구라도 언제든 좌선할 수 있다. 좌선하는 순간 붓다가 된다. 이것이 선의 기본이다. 원하는 만큼 좌선하면 그걸로 충분하다. 상식이 있는 합리주의자는 시민으로서 건전한 사회생활을 한다. 그리고 때때로 선 수행자가 된다. 아무런 문제가 없다. 선종은 완전히 합리적이어서 사람들의 상식과 상반될 법한 부분이 하나도 없다. 선에는 여러 종류가 있다. 여기서는 초창기 선의 사고방식을 정리한다. 선의 정수는 다음과 같다.

a 고타마는 좌선을 통해 붓다가 되었다.

b 붓다의 좌선 방식이 중국에 전해졌다.

c 그 방식으로 좌선하는 순간 붓다가 된다.

d 경전이나 논서는 참고가 되지만 얽매이지 않아도 된다. •73

합리주의자가 선을 만나면 죽음을 어떻게 생각하게 될까? 좌선하면 붓다가 된다. 붓다는 생사를 초월한다. 좌선을 그만두면 원래의 인간으로 돌아온다. 그렇지만 좌선할 때의 감각을 기억하고 있다. 다시 붓다가 되고 싶으면 또 좌선하면 된다. 글자대로의 좌선이 아니라도 무엇인가에 집중하면 된다. 좌선하는 사람은 생사를 초월할 수 있음을 알고 일상을 살아간다. 죽음을 두려워할 필요가 없다. 사람은 누구라도 좌선할 수 있다. 누구라도 삶과 죽음을 초월할 수 있다는 의미다. 그렇게 생사를 초월할 수 있음을 알고 살아간다. 생사를 초월하기 때문에 윤회는 신경 쓰지 않아도 된다. 편히 살다가 수긍하면서 죽음을 맞아들이면 된다.

법화경과 합리주의자

합리주의자가《법화경》에 전념하면 어떨까?《법화경》을 접한 사람은《법화경》이 최고의 경전이라고 말한다. 오직 거기에 붓다의 참뜻이 담겨 있다고 믿는다. 《법화경》에 나오는 내용은 과학과 모순되지 않는다. 그러므로 《법화경》과 과학 둘 다 믿을 수 있다. 법화종이 말하는 내용을 정리하면 다음과 같다.

a 붓다는 시작을 알 수 없을 만큼 오랜 옛날에 이미 깨달은 구원실성불이다.

b 구원실성불은 오랫동안 수많은 보살을 인도했다.

c 이 보살들은 윤회를 거듭하다가 결국 깨달아 붓다가 된다.

d 이 보살들이 보살행을 계속하는 것 자체에 가치가 있다.

e 이상의 중요한 가르침은 오직 《법화경》에만 있다. •74

《법화경》에는 사람들이 그 내용을 비난하고 공격할 것이라고 적혀 있다. 따라서 《법화경》을 비난하면 역설적으로 《법화경》의 내용이 옳다는 게 증명되고 만다. 위의 명제 중 d가 특히 《법화경》다운 주장이다.

《법화경》을 접한 합리주의자는 죽음을 어떻게 생각할까? 《법화경》 가르침의 핵심은 영원한 존재인 붓다가 윤회를 반복하는 사람을 인도한다는 것이다. 보살에게 이 세상은 수행의 대상이며 다음 생도 그들은 보살로서 수행을 지속한다. 보살은 수행을 통해 가치가 증명된다. 그렇다면 죽음은 단순한 통과 지점일 뿐이다. 그저 영원한 붓다가 인도하는 길을 믿고 따르면 된다. 죽음을 두려워할 필요가 없다.

윤회를 거듭하며 보살행을 계속한다는 건 어떤 의미일까? 사람은 민족, 역사, 문화, 직업의 틀로 구분되어 세상 속에 나뉘어 있다. 같은 사람이라고 실감하기 어려울 만큼 이질적인 경우가 많다. 하지만 영원한 붓다는 인류 모두를 이끌고 있다. 백인이 흑인으로 태어나기도 하고 인도 사람이 중국 사람으로 태어나기도 하는 것이 윤회다. 그렇게 보면 보살행은 '어떤 인종과 문화에 속한 사람이든 그들의 고민, 괴로움, 기쁨이 곧 나의 고민, 괴로움, 기쁨이다'라는 의미가 된다. 이는 철학자 존 롤스(John Rawls, 1921~2002)의 '무지의 베일'이라는 사고방식과 조금 유사하다.

일본에서 성행하는 불교는 염불종(정토종과 정토진종), 선종, 법화종(일연종) 세 가지다. 이 외에도 밀교(진언종), 천태종, 화엄종, 법상종 등이 있다. 이러한 종파의 사고방식을 접하면 어떻게 될지 지금까지의 논의를 참고해 생각해보는 시간을 가져보기 바란다.

언젠가 죽음을 생각할 때가 온다

지금까지 죽음에 관한 다양한 생각을 살펴보았다. 이 중에서 하나를 자신의 사고방식으로 삼아 실천하면 생각이 한층 더

깊어질 것이다. 그런데 그 '하나'의 사고방식을 어떻게 발견하면 좋을까?

사회에서 살아가는 사람들은 과학을 믿고 사회 규칙을 지킨다. 합리적으로 살아간다. 그 한 사람 한 사람이 언제가 죽음을 생각할 때가 온다. 그때가 되면 그전까지 종교와 별다른 인연이 없었더라도 어떤 종교든 하나를 접하기 마련이다. 저마다 다르겠지만 그 순간 처음으로 보이는 무언가가 있다. 어떤 종교를 가질지는 선택이다. 이슬람교에 매력을 느끼는 사람이 있다. 선이 잘 맞는 사람이 있다. 신도가 좋다고 생각하는 사람도 있다. 저마다 다른 종교를 선택하고 다르게 생각하게 된다. 신앙과 종교의 자유를 보장하는 헌법 아래서는 어떤 종교든 각자 자유롭게 선택해도 좋다. 누구라도 스스로 자유로운 선택을 할 수 있다. 이 점을 먼저 마음에 새기자.

이 책에서는 다양한 종교를 다뤘다. 일신교, 인도 종교, 불교, 유교 등 한데 모이기 어려운 여러 종교가 옆으로 나란히 늘어서 있다. 이렇듯 어떤 대상을 옆으로 나란히 세우는 것이 상대주의다. 상대주의는 서로를 잘 이해하는 데는 도움이 되지만 문제를 해결하지는 못한다. 여기서 문제는 '나의 죽음'이다. 나는 세상에 단 한 명밖에 없다. 바로 그 '나라는 존재'가 죽는다. 어떻게 죽을까? 이 문제에 관해 종교끼리 이러쿵저러쿵 해봐야 대화도 안 통하고 해결책도 나오지 않는다. 하나를 선택하지 않으면 안 된다. 어떤 종교든 하나를 선택하지 않으면 안 된다는 게 이 책에서 말하고 싶은 내용이다. 더불어 하나의 종교를 선택함으로써 다른 선택을 더 잘 이해할 수 있게 된다고 말하고 싶다.

> 나의 죽음을 받아들이려면 어떤 종교든 하나의 사고방식을 선택하지 않으면 안 된다. •75
> 하나의 사고방식을 선택함으로써 다른 선택을 더 잘 이해할 수 있게 된다. •76

마르크스주의가 퇴색하고 지금은 포스트모던이 주류가 되었다. 그런데 세상에 활기가 없다. 포스트모던의 본질은 상대주의기 때문이다. 상대주의는 사람들의 발목을 잡는다. "당신의 생활방식에는 아무런 근거가 없습니다"라고 높은 곳에 서서 잘난 체하며 말한다. 하지만 상대주의야말로 아무런 근거가 없다. 상대주의로부터는 아무것도 일어나지 않는다. 정직하게 살아감의 가치를 복권하자.

삶과 죽음은 지식 바깥에 있다

현대 사회는 과학의 시대, 합리주의의 시대다. 사람들은 사회 규범을 지키고 과학을 믿으면서 산다. 상식이 있는 합리주의자의 세상이다. 하지만 우리는 그것만으로는 만족할 수 없는 세상을 살고 있다. 왜일까? 합리주의만으로는 충분한 삶을 살지 못하기 때문이다. 산다는 건 가치 있는 무언가를 소중히 여기는 행위다. 그리고 언어로써 생각하고 이해하는 건 의미를 배우는 행위다. 가치와 의미는 한 사람 한 사람의 생활 방식이다. 학교에서 배울 수 없고 이성으로도 알 수 없다. 사람들에게 가치와 의미를 전달하는 일은 가족과 공동체의 역할이다. 그리고 종교의 역할이다.

현대에 이르러 가족이 고립되고 공동체가 흩어졌다. 그리고 여러 종교가 난무하는 상대주의 세상이 되었다. 개인이 자기 삶의 방식을 선택하고 자기 나름의 가치와 의미로 삶의 토대를 세우는 일은 상대주의로 불가능하다. 상대주의는 지식이다. 지식은 학교에서 배울 수 있고 인터넷에서 정보를 찾을 수도 있다. 하지만 내가 살아가는 방식을 선택하는 일은 단순한 지식이 아니다. 지식을 초월한 문제다. 이 지점에서 오래전부터 전해오는 종교가 도움이 된다. 종교는 문제가 선택임을 알기 때문이다.

두 줄로 정리하는 종교

여기서는 각각의 종교를 두 줄로 정리해본다. 어떤 종교든 두 줄로 설명하기에는 역부족이다. 어떻게 봐도 내용이 거칠어 질 수밖에 없다. 하지만 지금 중요한 문제는 무엇을 '선택'해야 할지를 분명히 하는 것이다.

신이 세상을 창조하고 사람을 만들었다. 세상의 모든 일은 신의 의도로 일어난다.	일신교
신이 세상을 창조하고 사람을 만들었다. 예수 그리스도는 사람을 사랑하고 구원한다.	기독교
신이 세상을 창조하고 사람을 만들었다. 코란에 그 모든 비밀이 쓰여 있다.	이슬람교
위대한 존재가 세상을 창조하고 사람을 만들었다. 이를 믿는다면 어떤 신앙이라도 좋다.	유니테리언
세상의 모든 곳에 신이 존재한다. 사람은 이 훌륭한 세상과 조화롭게 살아가야 한다.	범신론
신들이 이 세상을 낳았다. 사람은 신에게 감사하며 평화롭게 살아야 한다.	신도
세상은 인과의 법칙(다르마)에 의해 운행되고 있다. 이 인과의 법칙을 깨닫는 데 최고의 가치가 있다.	인도의 종교
아미타불은 중생을 구원하고자 한다. 염불하면 극락정토에 왕생한다.	염불종

> 좌선하면 붓다가 된다. **선종**
> 일찍이 고타마도 이처럼 좌선했다.

> 사람은 영원한 존재인 붓다에게 인도되어 수행하고 있다. **법화종**
> 이 가르침은 《법화경》에만 적혀 있다.

이상은 좁히고 좁힌 각 종교의 골격이다. 이렇게 간단하게 정리해도 되냐고 물을 수 있다. 괜찮다. 사람들에게 도움만 된다면! 앞서 정리해둔 내용을 꼭 한번 비교해서 살펴보기 바란다. 종교의 정수를 두 줄로 정리한 내용을 '죽으면 어떻게 될까'라는 생각의 단서로 삼으면 좋겠다. 그러려면 대충 훑어보고 덮어서는 안 된다. 확실하게 읽고, 외우고, 메모해두었다가 출근길이나 쇼핑하러 가는 길에 머릿속으로 반복해야 한다. 두 줄이라 비교하기 쉽고 선택하기 쉽다. 머지않아 어느 것 하나를 선택해 손에 움켜쥘지 모른다. 그러면 상대주의 사고방식과는 전혀 다른 느낌을 알게 될 것이다.

운명처럼 다가오는 것

출발점으로 돌아가 보자. 이 책은 '죽으면 어떻게 될지 스스로 결정하라'가 주제였다. 죽으면 어떻게 될지 스스로 결정하고 그럴 각오로 살면 '원하는 대로 살다가 죽은 사람'이 된다. 이

건 아주 중요한 일이다.

스스로 결정하고 그렇게 살면 스스로 결정한 대로 죽는다. •77

내가 마음먹은 대로 결정하고 그대로 죽을 수 있다는 말이다.
대단한 일이다. 그런데 스스로 결정한다는 게 정말로 내 선택
일까? 선택은 불가사의한 일이다. 선택하기 전에는 어느 쪽이
어도 좋다. 그러나 선택한 후에는 하나로 결정된다. 그것이 선
택이다. 누구나 선택하면서 살아간다. 왜 그런 선택을 했는지
는 저마다 이유가 있다. 하지만 이유가 있어서 선택했다면 그
건 진정한 선택이라고 말할 수 없다. 다른 선택지 속에서 망설
이는 가운데 이대로는 곤란하다는 생각으로 선택한 경우가
많기 때문이다. 말하자면 이유가 있어 결정하지만 실은 확실
하지 않은 것이다. 어쨌든 결정을 내리면 현실이 열린다. 길모
퉁이를 도는 것과 같다. 선택이 새로운 나를 만든다.

예를 들어 결혼을 생각해보자. 결혼하기 전에는 아직 결
혼을 결정하지 않았다. 결혼할 가능성이 있는 상대는 여럿 있
었다. 하지만 이 사람으로 결정했다. 이유는 확실히 말할 수 없
다(이유를 술술 말할 수 있는 사람이 있다면 만나고 싶다). 어쨌든 결정
했다. 돌이킬 수 없는 선택이다. 그리고 새로운 내가 됐다.

다른 선택도 마찬가지다. 다양한 선택을 거듭하면서 나는

계속 나 자신이 되어간다. 진학도 취직도 마찬가지다. 사람들은 내가 나인 것만은 확실하다고 생각하지만 착각이다. 나라는 존재는 실은 애매한 선택이 축적된 결과물이다. 나를 나이게 하는 애매한 선택의 축적을 '운명'이라고 말할 수 있다. 운명은 내가 결정하는 것 같지만 실은 마음 먹은 대로 결정되지 않기 때문이다. 결정하고 있는데 결정하지 않는다. 사람이 하는 일에는 간혹 이런 일이 있다.

당신은 이 책에 손을 뻗쳤다. 그때 벌써 무엇인가가 일어나기 시작했다. 마지막으로 당신은 각각의 종교를 두 줄로 정리한 내용을 읽었다. 어느 것이든 하나를 선택하는 구조다. 어느 하나를 선택하면 '내가 죽으면 어떻게 되는가'가 결정된다. 그 선택에 이유가 있는가? 아마도 이유는 없을 것이다. 운명이기 때문이다. 나는 이러이러한 이유가 있어서 이 종교를 선택한다고 말하는 사람이 있을지도 모른다. 그렇다면 축하한다. 당신은 운명을 이겨내고 스스로 인생을 개척한 사람이다. 이유는 모르지만 '그냥'이라고 말하는 사람도 있을 것이다. 그것은 운명이다. 불교식으로 말하면 인연이 맺어진 것이다. 그래도 좋다. 선택은 스스로 결정하는 것이라고 한정할 수 없다. 오히려 상대가 다가오기도 한다.

인생에는 간혹 운명적인 만남이 있다. 친한 친구가 있다고 하자. 어디서 만났을까? 우연히 반이 같았기 때문에? 그렇다면 조금만 어긋났어도 친한 친구가 되지 않았을지 모른다. 이런 게 운명이다. 종교도 간혹 운명적인 만남이 이루어진다. 어떤 종교가 궁금하다는 생각이 들었다면 그것도 운명적인 만남이다. 그리고 그것이 최선의 만남일지 모른다. 지금까지 살면서 느꼈던 결핍의 실체를 알게 될지도 모르기 때문이다. 이 책은 바로 그 입구까지만 안내한다. 그다음은 각자의 자유다. '행운이 함께하기를'이라고 말해주고 싶다.

왜 종교를 알아야 할까

종교 중 하나를 선택하고 그 방식대로 죽으면 어떻게 될까? 한번 생각해보라. 그 종교와의 만남은 운명적일지도 모른다. 이번에는 "어느 종교를 선택하든 결국은 똑같다"고 말해보라. 어째서 그럴까? 이 시대를 성실하게 살아가지만 그럼에도 상대주의에 괴로워하는 보통 사람들에게 어떤 종교든 도움이 될 것이기 때문이다. 종교를 통해 과학과 상식만으로는 만족할 수 없었던 텅 빈 우연의 공백을 메우고, 자기 나름의 확신을 가진 채 다른 사람과 더불어 걸어갈 수 있기 때문이다. 종교를 선택해보지 않으면 종교의 참뜻을 알 수 없다. 그 종교뿐만 아니라 다른 어떤 종교에 관해서도 알지 못한다. 그런 의미에서 어떤 종교를 선택하든 결국은 마찬가지다. 인류의 최대

지적재산인 종교를 모른 채 인생을 안다고 말할 수 있을까? 부족한 이 책을 실마리로 종교의 풍요로움을 음미하는 사람이 한 사람이라도 더 늘기를 바란다.

죽음은 생각하기 어렵다. 죽음의 특징상 그럴 수밖에 없다. 지금까지 본문에 서술한 이야기만으로도 충분히 이해할 수 있을 것이다. 죽음은 미처 다하지 못한 여름방학 숙제같이 불편한 느낌을 준다. 죽음이 내 안에서 형태를 이루지 못했기 때문이다. 그래서 대부분의 어른이 죽음을 대할 때 어떤 태도를 취해야 할지 알지 못하고 죽음을 모른 채 모호한 삶을 살아간다.

죽음은 반드시 살아 있을 때 찾아온다. 그러면 끝이다. 사는 도중에 죽음이 찾아오면 그 순간 끝장난다. 죽음을 생각하기 어렵다. 따라서 죽음에 맞서려면 언제 죽어도 후회 없는 삶을 살아야 한다. 그 방법밖에 없다. 이를 다른 말로 각오라고 한다. 옛날에는 도처에 죽음이 있었다. 정말 사람이 잘 죽었다. 무사는 툭하면 싸우다 죽었다. 여성은 목숨을 걸고 아이를 낳았다. 그렇게 다들 죽어 나가니 나 역시 언제 죽어도 이상하지 않다는 각오로 살았다. 지금은 사람이 잘 죽지 않는다. 대신 언제 죽어도 후회 없이 사는 사람도 드물어졌다.

학문의 세계는 어떨까? 옛날에는 교회와 정부가 자주 폭력을 일삼았다. 자신의 뜻에 반하는 지식인을 탄압했다. 권력가는 지식인에게 "여기 쓴 내용을 취소하지 않으면 목숨을 잃게 될 것"이라고 협박했다. 굴복하는 지식인도 있었지만 "고칠 바에는 차라리 그냥 죽겠다"며 목숨을 버리는 지식인도 있었다. 학문은 진리를 추구하는 데 가치가 있다. 지금도 학문에 종사하는 사람은 이런 각오로 글을 써야 한다. 정치, 비즈니스, 가족 그리고 사회도 마찬가지다. 죽음을 앞두고 동요하지 않아야 한다. 자기 삶의 방식이 흔들리지 않아야 한다. 진정한 교양이란 그런 게 아닐까.

나는 지금까지 종교에 관한 책을 여러 권 썼다. 감사하게도 많은 독자가 책을 읽어주었다. 그런데 마음 한편으로 지금까지 쓴 책의 내용이 왠지 남의 일처럼 느껴졌다. 독자의 마음에 잘 전해졌는지 염려스러웠다. 그래서 죽음에 관해 글을 쓰기로 마음먹었다. 죽음은 남의 일로 치부할 수 없다. 그리고 종교와 깊이 연결되어 있다. 남의 일이 아닌 나의 죽음과 마주하는 데 종교가 좋은 발판이 된다는 사실을 알리고 싶었다.

종교를 발판으로 삼으면 죽음을 깊이 생각할 수 있다. 그렇다고 이 책이 종교를 믿어보자고 말하는 책은 아니다. 믿고 안 믿고를 떠나서, 종교를 발판으로 나의 죽음을 생각한다면 이미 종교에 발을 디딘 셈이다. 종교를 통해 죽음을 능숙하게 다루게 되었다면 그것으로 충분하다. 무엇보다 죽음과 함께 풍요로운 삶을 살아보자는 게 이 책의 목적이다.

이를 위해 2020년 3월부터 원고를 작성했다. 원고를 완성한 후 지인인 다바타 히로후미(田畑博文) 씨에게 상담을 요청했다. 그는《재미있어 잠 못 들게 하는 사회학(面白くて眠れなくなる社会学)》을 담당했던 출판 편집자다. 지금은 다이아몬드사(ダイヤモンド社)로 직장을 옮겼는데, 내 글을 보고 "아주 좋은데요!"라는 답변과 함께 전폭적인 지원을 약속했다. 유명한 일러스트레이터인 요리후지 분페이(寄藤文平) 씨가 책의 표지 디자인을 맡게 된 것도 그 덕분이다. 그 밖에도 다이아몬드사 관계자들에게 많은 도움을 받았다.

'죽음'은 긍정적인 기분이 들기 어려운 주제다. 그렇지만 이 책은 긍정적인 마음으로 썼다. 이 책을 읽는 독자들도 긍정적인 마음으로 읽어주면 좋겠다. 어차피 누구나 언젠가는 죽는다. 다만 그때까지 인생을 충실하고 풍요롭게 살아갈 수 있기를 바란다.

2020년 7월
하시즈메 다이사부로

1 죽는다는 건 생각하는 '나'라는 존재가 사라지는 것이다.

2 존재하는 것은 경험으로 알 수 있다.

3 존재하던 것이 더 이상 존재하지 않게 되는 것은 경험으로 알 수 있다.

4 존재하지 않던 것이 존재하게 되는 것은 경험으로 알 수 있다.

5 '나'의 죽음은 경험할 수 있는 일이 아니다.

6 '나'의 죽음은 초경험적 사실이다.

7 '나'의 태어남은 초경험적 사실이다.

8 과학은 '나'의 죽음에 관해서 아무것도 말할 수 없다.

9 신이 천지를 창조한다(창조했다).

10 세상은 신의 의지로 존재한다.

11 사람은 한 사람 한 사람 개성 있는 존재로서 신이 만들었다.

12 부활은 두 번째 창조다.

13 일신교에서는 사람이 죽어도 죽지 않는다고 생각한다.

14 내가 존재했다는 사실에 만족하면 신의 창조와 부활을
믿는 것과 거의 같다.

15 '신이 세상을 창조했다', '세상은 우연이다'라는 생각은
세상의 두 가지 모습이다.

16 이 세상은 대부분 필연이고 나머지는 우연이다.

17 내가 '나'로 존재한다는 건 합리적으로 설명할 수 없다.

18 사람을 초월하며 세상을 존재하게 하는 의지가 창조주다.

19 사건 B를 일으킨 사건 A를 B의 원인이라고 한다.

20 사건 A로 인해 일어난 사건 B를 A의 결과라고 한다.

21 사건 A (원인) → 사건 B (결과)

22 사건 Z (원인의 원인) → 사건 A (원인) → 사건 B (결과) →
    사건 C (결과의 결과)

23 진리는 말로 표현할 수 없다.

24 진리를 깨달았는지 아닌지는 깨달으면 알 수 있다.

25 누군가가 진리를 깨달았는지 아닌지는 타인이 판단할 수 없다.

26 범아일여에 따르면 사람은 사람이 아니라 단지 인과관계에서
    나온 존재다.

27 진리를 깨달으면 사람은 사람이 아님을 알게 된다.

28 윤회가 있다면 사람은 죽은 후에 바로 다른 사람이나 동물로
    다시 태어난다.

29 윤회가 있다면 낮은 카스트로 태어난 것은 전생의 과보다.

30 윤회가 있다면 높은 카스트로 태어난 것은 전생의 과보다.

---

31 a 고타마는 진리를 깨달아 붓다가 되었다.
    b 고타마는 윤회 같은 건 없다고 생각했다.
    c 제자들은 윤회를 기다리지 않고 살아 있을 때
      진리를 깨닫기 위해 수행했다.
    d 고타마는 죽은 후 존재하지 않게 되었다.
    e 제자들은 깨닫든 깨닫지 못하든 죽어서 존재하지 않게 된다.

---

32 a 고타마는 진리를 깨달아 붓다가 되었다.
    b 고타마는 아득히 먼 과거부터 윤회를 거듭하면서 수행해왔다.
    c 제자들은 살아 있을 때 수행해도 붓다가 되지 못한다.

d 고타마는 죽은 후 윤회에서 벗어나 존재하지 않게 되었다.

e 제자들은 죽은 후에도 윤회를 반복하며 수행을 이어간다.

---

33 a 고타마는 진리를 깨달아 붓다가 되었다.

b 고타마는 먼 과거로부터 윤회를 거듭하며 수행해왔다.

c 소승불교의 출가자들은 붓다가 될 수 없다.

d 고타마는 죽은 후 윤회를 멈추고 존재하지 않게 되었다.

e 고타마 이외에도 붓다는 과거 · 현재 · 미래에 많이 존재한다.

f 보살들은 죽은 후에도 윤회를 거듭하며 수행한 끝에
　마침내 붓다가 된다.

---

34 a 고타마는 극락정토에 아미타불이 있다고 가르쳤다.

b 사람이 죽으면 윤회하는 대신 극락왕생할 수 있다.

c 극락왕생하면 붓다가 되기 바로 직전 단계까지 수행의
　수준이 올라간다.

d 극락에서 죽으면 다음에 다시 극락에서 태어난 후
　진리를 깨달을 수 있다.

e 진리를 깨달으면 붓다가 되어서 불국토를 세울 수 있다.

---

35 a 대승불교 수행자들은 깨달음을 목표로 수행을 계속한다.

b 수행을 계속할 수 있는 건 수행자들이 붓다이기 때문이다.

c 붓다이기 때문에 이미 생사를 초월해 있다.

---

36 a 고타마는 좌선을 통해 붓다가 되었다.

b 고타마가 전한 바른 좌선을 하면 누구나 붓다가 된다.

c 좌선하면 붓다이기 때문에 윤회하면서 수행을 계속할 필요가 없다.

d 죽으면 붓다든 아니든 사라져 존재하지 않게 된다.

---

37 충(忠)은 정치적 리더에게 복종하는 것이다.

38 효(孝)는 혈연 집단의 연장자, 특히 아버지에게 복종하는 것이다.

39 역사와 조상 숭배는 후손의 입장에서 죽음을 바라보며
   죽음 자체를 외면한다.

---

40 a 사람은 죽으면 황천으로 간다.

   b 황천은 땅 밑에 있다.

   c 황천은 귀신과 악신으로 가득하다.

   d 황천은 죽음의 불결함으로 얼룩져 있다.

   e 황천과 이승은 멀리 떨어져 있어서 자유롭게 오갈 수 없다.

---

41 본지수적설에 의하면 붓다와 신은 같다.

42 사람이 죽으면 붓다가 된다는 건 올바른 불교의 사고방식이 아니다.

43 염불종은 말세에 불교를 칭명염불로 순화시킬 수 있다고 주장한다.

44 염불종 신자는 죽음을 두려워하지 않는다.

45 사람에게는 불성이 있어서 수행하면 누구나 붓다가 된다는 게
   불교의 일반적인 가르침이다.

46 좌선을 하면 붓다가 된다는 게 도겐의 선종이다.

47 선의 정신으로 세속의 의무에 집중하면 죽음을 초월할 수 있다.

48 법화종은 보살행을 깨달음보다 중요하게 여긴다.

49 법화종 신자는 죽음과 내세의 문제를 뒤로하고
   현실 속 보살행에 집중한다.

50 법화종은 보살로서 현실과 마주하고 죽음과도 마주한다.

51 불교 원리주의는 불교를 하나로 통합한다.

52 a 사람이 죽으면 붓다의 제자가 된다. 아니 붓다가 된다.

b 붓다의 제자가 되었으니 사찰이 계명을 지어준다.

c 죽은 후 삼도천(三途川)을 건너 저세상으로 간다.

d 계명을 적은 위패를 불단에 모시고 기도한다.

e 추석이 되면 죽은 자가 저승에서 돌아온다.

---

53 망자를 위해 기간을 정해두고 법회를 여는 관습은
불교와 관계없는 옛 전통이다.

54 충효일여를 외친 에도 유학은 일왕 충성 사상을 낳았고 막부가
멸망하는 결과를 초래했다.

55 에도 시대 지식인들은 유학과 국학을 배우고 일왕 충성파가 되었다.

56 나라를 위해 목숨을 바친 사람은 영령이 된다.

57 국가 신도에 따르면 사람은 전통적인 불교의 죽음과
국가 신도의 죽음, 이렇게 이중으로 죽는다.

58 유구한 대의에 산다는 건 의미 있는 행동일 수 있다.

59 죽음은 자신의 행위를 벗어난 자연 현상의 일부다.

60 상식적인 무신론자는 자신이 죽어도 가족과 세상은
존재한다고 생각한다.

61 이기주의자는 주변 사람보다 자신을 우선한다.

62 허무주의자는 주변 사람에게 관심이 없다.

63 상식적인 무신론자는 언어의 연속 작용, 즉 전해 내려오는
구전과 지식을 신뢰한다.

64 상식적인 무신론자는 자신이 세상에 존재하는 이유를
'우연'이라고 결론짓는다.

65 합리주의자는 세상에 우연이라는 구멍이 뚫려 있다고 생각한다.

66 신이 세상을 창조했다면 세상에 우연은 존재하지 않는다.

67 a 신이 세상을 창조하고 사람을 만들었다.

b 신이 예언자를 선택해 신의 말을 전했다.

c 예언자가 전하는 말이 성전에 정리되어 있다.

d 성전은 신과 사람의 계약(약속)이므로 지키지 않으면 안 된다.

e 신은 결국 정의를 실현한다.

---

68 a 신이 세상을 창조하고 사람을 만들었다.

b 신이 사람을 구원하기 위해 예수 그리스도를 보냈다.

c 복음은 예수 그리스도가 전하는 신의 말이다.

d 복음은 새로운 계약(약속)이므로 예수를 따르는 것이 옳다.

e 예수는 결국 정의를 실현하고 사람의 죄를 용서한다.

---

69 a 어떤 위대한 존재가 세상을 창조하고 사람을 만들었다.

b 예언자는 좋은 것을 말한다.

c 예수는 좋은 것을 말한다.

d 사람은 어떤 신앙을 선택하든 자유다.

e 사람의 신앙을 속박하는 어떠한 교리도 없는 게 낫다.

---

70 범신론은 자연 어느 곳에도 신이 깃들어 있다고 생각한다.

---

71 a 세상은 신들의 재주(연결)로 생겨났다.

b 좋은 신·나쁜 신이 좋은 일·나쁜 일을 일으킨다.

c 좋은 신들을 모시고 평화롭게 사는 게 좋다.

d 신들의 일은 《고사기》와 《일본서기》에 쓰여 있다.

e 사람은 죽으면 황천으로 간다(사람은 죽으면 영령이 된다).

72   a 극락정토에는 아미타불이 있어서 모두를 초대한다.

　　 b 아미타불은 서원을 세웠고, 그 서원을 믿으면 극락에 갈 수 있다.

　　 c 극락왕생한 후에는 반드시 붓다가 된다.

　　 d 붓다가 되기 전에 극락에서 돌아와 중생을 위해 봉사할 수 있다.

73   a 고타마는 좌선을 통해 붓다가 되었다.

　　 b 붓다의 좌선 방식이 중국에 전해졌다.

　　 c 그 방식으로 좌선하는 순간 붓다가 된다.

　　 d 경전이나 논서는 참고가 되지만 얽매이지 않아도 된다.

74   a 붓다는 시작을 알 수 없을 만큼 오랜 옛날에 이미 깨달은
　　　 구원실성불이다.

　　 b 구원실성불은 오랫동안 수많은 보살을 인도했다.

　　 c 이 보살들은 윤회를 거듭하다가 결국 깨달아 붓다가 된다.

　　 d 이 보살들이 보살행을 계속하는 것 자체에 가치가 있다.

　　 e 이상의 중요한 가르침은 오직 《법화경》에만 있다.

75   나의 죽음을 받아들이려면 어떤 종교든 하나의 사고방식을
　　 선택하지 않으면 안 된다.

76   하나의 사고방식을 선택함으로써 다른 선택을 더 잘
　　 이해할 수 있게 된다.

77   스스로 결정하고 그렇게 살면 스스로 결정한 대로 죽는다.

죽기 전에
봐야 할
사후 세계
설명서

2022년 6월 25일 초판 1쇄 발행

지은이 하시즈메 다이사부로 • 옮긴이 주성원
발행인 박상근(至弘) • 편집인 류지호 • 상무이사 김상기 • 편집이사 양동민
책임편집 양민호 • 편집 이상근, 김재호, 김소영, 권순범
디자인 쿠담디자인 • 제작 김명환 • 마케팅 김대현, 정승채, 이선호 • 관리 윤정안
펴낸 곳 불광출판사 (03150) 서울시 종로구 우정국로 45-13, 3층
        대표전화 02) 420-3200 편집부 02) 420-3300 팩시밀리 02) 420-3400
        출판등록 제300-2009-130호(1979. 10. 10.)

ISBN 979-11-92476-07-0(03100)

값 17,000원